W0173167

Beck-Rechtsberater

Ratgeber Erbrecht

dtv

Beck-Rechtsberater

Ratgeber
Erbrecht

Erben und Vererben

Von Heiko Ritter

4. Auflage

dtv

www.dtv.de
www.beck.de

Originalausgabe

dtv Verlagsgesellschaft mbH & Co. KG,
Tumblingerstraße 21, 80337 München
© 2021. Redaktionelle Verantwortung: Verlag C.H. Beck oHG
Druck und Bindung: Druckerei C.H. Beck, Nördlingen
(Adresse der Druckerei: Wilhelmstraße 9, 80801 München)
Satz: ottomedien GmbH, Darmstadt
Umschlaggestaltung: Design Concept Krön, Puchheim
unter Verwendung eines Fotos von © PantherMedia

chbeck.de/nachhaltig

ISBN 978-3-423-51249-7 (dtv)
ISBN 978-3-406-75437-1 (C.H.Beck)
ISBN 978-3-406-75438-8 (eBook)

Vorwort

Die 4. überarbeitete Auflage enthält neben den bewährten Ausführungen zum Erbrecht, mit diversen Beispielen und Formulierungshilfen, zusätzlich Ausführungen zum gemeinschaftlichen Testament sowie dessen Schicksal bei Trennung und Scheidung, ferner zum digitalen Nachlass.

Der vorliegende Ratgeber möchte den Leser auf die Schwierigkeiten und Probleme rund um den Erbfall aufmerksam machen und einen Leitfaden für die notwendigen Schritte nach dem Erbfall geben. Das Buch wurde mit größter Sorgfalt erstellt, ersetzt allerdings wegen der vielfältigen und komplexen Problemstellungen im Erbrecht nicht die Beratung durch einen Rechtsanwalt oder durch einen Steuerberater. Für inhaltliche Richtigkeit und Vollständigkeit wird seitens des Autors keine Haftung übernommen.

Der Verfasser ist für jede Anregung aus dem Leserkreis dankbar. Weitere Informationen erhalten Sie unter www.weinheim-familienrecht.de.

Weinheim, im Juni 2020 *Heiko Ritter*

Inhaltsübersicht

Inhaltsverzeichnis

Abkürzungsverzeichnis

a.F. .... alte Fassung
Abs. .... Absatz
Art. .... Artikel
Az. .... Aktenzeichen
BewG .... Bewertungsgesetz
BGB .... Bürgerliches Gesetzbuch
BGH .... Bundesgerichtshof
BMJ .... Bundesjustizministerium
BRAO .... Bundesrechtsanwaltsordnung
d.h. .... das heißt
DSGVO .... Datenschutz-Grundverordnung
EG .... Erwägungsgründe
EGBGB .... Einführungsgesetz zum Bürgerlichen Gesetz-
                         buch
ErbStG .... Erbschaftsteuer- und Schenkungsteuergesetz
EU-ErbVO .... Europäische Erbrechtsverordnung
FamFG .... Gesetz über das Verfahren in Familiensachen
                         und in den Angelegenheiten der freiwilligen
                         Gerichtsbarkeit
ff. .... fortfolgende
GG .... Grundgesetz
HeimG .... Heimgesetz
HGB .... Handelsgesetzbuch
IPRG-CH .... Schweizerisches Bundesgesetz über das Inter-
                         nationale Privatrecht
i.V.m. .... in Verbindung mit
LPartG .... Gesetz über die eingetragene Lebenspartner-
                         schaft
NEhelG .... Gesetz über die Stellung nichtehelicher
                         Kinder
PStG .... Personenstandsgesetz
sog. .... sogenannt
VerschG .... Verschollenheitsgesetz

VVG .... Versicherungsvertragsgesetz
ZVG .... Gesetz über die Zwangsversteigerung und
Zwangsverwaltung

1. Kapitel

Der Erbfall: Was ist jetzt zu tun?

I. Alles rund um die Beerdigung

Nach dem Ableben eines Menschen ist in erster Linie die Beerdigung zu veranlassen. Davor sind folgende Schritte jedoch unerlässlich:

Der Tod eines Menschen ist spätestens am dritten Werktag nach dessen Eintritt beim **Standesamt** zu melden. Zuständig ist das Standesamt, in dessen Bezirk der Erblasser verstorben ist. Der Standesbeamte trägt den Sterbefall in das Sterbebuch ein. Die Eintragung ist Voraussetzung dafür, dass der Tote bestattet werden darf, sofern nicht eine ortspolizeiliche Genehmigung zur früheren Bestattung erteilt wurde.

Zur Meldung des Sterbefalles verpflichtet sind die in § 29 Abs. 1 PStG genannten Personen.

Den Sterbefall anzeigen muss hiernach derjenige, der mit dem Erblasser in häuslicher Gemeinschaft lebte; derjenige, in dessen Wohnung der Sterbefall sich ereignet hat bzw. der hierbei zugegen war oder derjenige, der sonst wie von dem Tod erfahren hat. Ereignet sich der Sterbefall in einem Krankenhaus, in einem Pflegeheim oder einer anderen Einrichtung, so ist er von dem Träger der jeweiligen Einrichtung zur Anzeige zu bringen. Die Staatsanwaltschaft muss eingeschaltet oder das Amtsgericht informiert werden, wenn der Verdacht besteht, dass der Erblasser keines natürlichen Todes gestorben ist oder seine Identität nicht festgestellt werden kann. An das Gesundheitsamt muss eine Meldung ergehen, wenn der Tote an einer übertragbaren Krankheit gestorben ist.

Bevor der Leichnam bestattet werden kann, müssen Todeszeitpunkt, Todesursache und Todesart von einem Arzt untersucht und festgestellt werden. Diesen Vorgang bezeichnet man als Leichenschau. Auf eine Leichenschau kann nicht verzichtet werden. Nach erfolgter Leichenschau werden vom untersuchenden Arzt eine Todesbescheinigung sowie ein Leichenschauschein ausgestellt. Die Kosten der Leichenschau fallen dem Nachlass zur Last, wohingegen die Kosten der Untersuchung des Toten und die Ausstellung des Leichenschauscheines von der Krankenkasse übernommen werden.

> ### Hinweis
>
> In der Bundesrepublik Deutschland müssen menschliche Leichname und Totgeburten bestattet werden. Der Bestattungszwang gilt nicht für Fehlgeburten. Hierunter versteht man Totgeburten, deren Gewicht unter 500 Gramm liegt.

Nach den **Bestattungsgesetzen** der Länder muss jeder Leichnam spätestens 36 Stunden nach dem Todeseintritt in die öffentliche Leichenhalle der zuständigen Gemeinde gebracht werden. Die Überführung der Leiche in die Leichenhalle darf jedoch erst nach Ausstellung der Todesbescheinigung erfolgen. Die Leiche kann innerhalb dieser Frist auch in eine andere Leichenhalle, beispielsweise in die hierfür vorgesehenen Räume eines Bestattungsunternehmens überführt werden, nicht jedoch in Räume, die zum Wohnen, Schlafen oder Arbeiten genutzt werden.

Bestattungen finden auf öffentlichen Bestattungsplätzen (kommunaler oder kirchlicher Friedhof) statt. Eine Bestattung außerhalb von öffentlichen Friedhöfen kann ausnahmsweise zulässig sein. Es werden verschiedene Bestattungsarten unterschieden:

- Erdbestattung
- Feuerbestattung
  - Baumbestattung
  - Seebestattung

Erdbestattungen sind die Regel. Voraussetzung für eine Feuerbestattung ist, dass der Verstorbene diese wollte oder, falls eine Erklärung des Verstorbenen nicht vorliegt, die Totenfürsorgeberechtigten (vgl. 1. Kapitel unter III Ziffer 7) sich hierfür entscheiden. Sind mehrere Personen zur Totenfürsorge berechtigt, muss die Feuerbestattung einstimmig beschlossen werden. Andernfalls kann nur eine Erdbestattung erfolgen. Die Feuerbestattung beginnt mit der Einäscherung der Leiche. Nach erfolgter Einäscherung werden die in einer Urne verwahrten Aschenreste in die Erde oder an einen anderen Platz (See- oder Baumbestattung) übergeben.

Eine menschliche Leiche darf frühestens 48 Stunden nach dem Todeseintritt beerdigt werden, wenn die Todesmerkmale eingetreten sind. In Ausnahmefällen ist eine frühere Beerdigung zulässig, beispielsweise wenn von der Leiche gesundheitliche Gefahren ausgehen. Die Leiche muss innerhalb von maximal 96 Stunden nach dem Todeseintritt bestattet bzw. in eine Leichenhalle gebracht werden oder sich auf dem Weg dorthin befinden. Bestattungen müssen bei der Gemeinde unverzüglich angemeldet werden.

II. Welche Kosten entstehen und wer hat sie zu tragen?

1. Sterbegeld

Bis Ende des Jahres 2003 wurde im Sterbefall von der Krankenversicherung des Verstorbenen ein Sterbegeld in Höhe von 525 Euro gezahlt. Einen Anspruch auf Sterbegeld gibt es mittlerweile nicht mehr. Daher stellt sich den Angehörigen im Erbfall umso häufiger die Frage, wer für die Beerdigungskosten aufzukommen hat. Zu standesgemäßen Beerdigungskosten werden gerechnet die Kosten für:

- Grabstelle inklusive der ersten Bepflanzung
- Grabstein
- Friedhofsgebühren inklusive Gebühren für Transport und Überführung der Leiche

- Leichenschau
- Sterbeurkunden
- Leichenfeierlichkeiten
- Leichenschmaus
- Todesanzeige
- Danksagung
- Sarg/Urne.

Keine erstattungsfähigen Beerdigungskosten sind Mehrkosten, die für die Anschaffung eines Doppelgrabes entstehen sowie die Kosten der Grabpflege. Auch der Aufwand für die Anschaffung von Trauerkleidung muss nicht ersetzt werden, da die Kleidung auch im Alltag genutzt werden kann.

2. Der Erbe haftet für die Beerdigungskosten

Der Gesetzgeber hat ausdrücklich geregelt, dass die Beerdigungskosten von den Erben zu übernehmen sind, § 1968 BGB. In vielen Fällen hat der Erbe die mit der Beerdigung zusammenhängenden Aufträge nicht erteilt, denn der Erbe ist nicht immer auch derjenige, der zur Totenfürsorge berechtigt ist. Der Erblasser kann nämlich auch einen Dritten mit der Totenfürsorge beauftragen. Ein Dritter, der die Bestattung veranlasst, jedoch nicht das Recht zur Totenfürsorge hatte, kann die Beerdigungskosten nach § 1968 BGB nicht ersetzt verlangen. Gegebenenfalls können in diesen Fällen andere Ansprüche wie Geschäftsführung ohne Auftrag, ungerechtfertigte Bereicherung etc. des Dritten gegen den Erben auf Erstattung der Beerdigungskosten in Betracht kommen. Dies kann im Zusammenhang mit der Kostenerstattung zu Problemen führen, wenn der Beauftragte (beispielsweise der Bestattungsunternehmer) seine Kosten beim Erben geltend macht, obwohl er von einem Dritten beauftragt wurde. In erster Linie müsste er sich an seinen Auftraggeber wenden, der dann wiederum die Kosten vom Erben ersetzt verlangen kann. Ersatz kann aber nur für Kosten verlangt werden, die im Rahmen einer standesgemäßen, d.h. einer der Lebensstellung des Erblassers angemessenen Beerdigung entstanden sind. Luxusaufwendungen muss der Erbe grundsätzlich nicht ersetzen.

Hinterlässt der Erblasser mehrere Erben in Erbengemeinschaft, so haften diese für die Beerdigungskosten gemeinschaftlich. Bezahlt einer der Miterben die Beerdigungskosten zunächst allein, kann er von den Übrigen Erstattung verlangen. Der Miterbe kann aber nur die Beerdigungskosten ersetzt verlangen, die den auf ihn entfallenden Anteil übersteigen.

3. Wer haftet für die Beerdigungskosten, wenn der Erbe die Erbschaft ausschlägt?

Hat ein Erbe die Erbschaft ausgeschlagen, so haftet er auch nicht für die Beerdigungskosten. Die Kostenlast trifft dann den Ehegatten des Erblassers oder dessen unterhaltspflichtige Verwandten, also seine Abkömmlinge und Eltern. Sowohl der Ehegatte, als auch die Verwandten des Erblassers müssen Beerdigungskosten nur in dem Umfang übernehmen, der dem Lebensstandard des Erblassers entsprach. Die Verpflichtung entfällt, wenn der Erblasser gegenüber den verpflichteten Personen seine eigene Unterhaltspflicht verletzt hatte.

Zur Kostentragung sind die Verwandten aber verpflichtet, wenn der Nachlass nicht werthaltig genug ist, um hieraus die Beerdigungskosten zu zahlen. In diesem Fall kann sich der Erbe an die Verwandten des Erblassers wenden und von diesen Erstattung verlangen. Die Verwandten können auch von der Gemeinde verpflichtet werden, die Beerdigungskosten zu bezahlen. Das ist der Fall, wenn sie die Beerdigung des Erblassers verweigert haben und die Behörde diese veranlassen musste. Kann die Bestattung nicht aus Mitteln des Nachlasses beglichen werden und kann dem zur Kostentragung Verpflichteten die Übernahme dieser Kosten nicht zugemutet werden, springt der Sozialhilfeträger ein. Den Sozialhilfeträger trifft eine Vorleistungsverpflichtung, wenn noch nicht feststeht, ob die als Erben in Betracht kommenden Personen die Erbschaft annehmen. Die Beerdigung selbst führt der Sozialhilfeträger aber nicht aus, er übernimmt nur die Kosten. Übernommen werden die erforderlichen Kosten eines ortüblichen, angemessenen Begräbnisses. Bezahlt werden die Grabstelle, der Sarg, die Urne, die Kosten der Leichenhalle, die Gebühren des Grabgeläutes und Orgelspieles während der Trauerfeier, die Grabeinfassung und die Erstbepflanzung des Grabes.

Umstritten ist, ob auch die Kosten eines Grabsteines übernommen werden. Die vom Sozialhilfeträger bezahlten Kosten sind Nachlassverbindlichkeiten mit der Folge, dass sie, soweit möglich, von dem Erben aus dem Nachlass zu begleichen sind.

4. Beerdigungskosten sind bei der Erbschaftsteuer abzugsfähig

Der Erbe kann die Beerdigungskosten als Nachlassverbindlichkeiten bei der Erbschaftsteuer absetzen. Ohne Nachweis der tatsächlichen Kosten kann ein Pauschalbetrag in Höhe von 10.300 Euro abgezogen werden. In diesem Betrag sind bereits die Kosten der Grabpflege berücksichtigt. Abweichend von dem Pauschalbetrag können durch Vorlage der Einzelnachweise auch die tatsächlich entstandenen Beerdigungskosten im Rahmen der Erbschaftsteuer geltend gemacht werden, auch wenn diese höher sind.

5. Was gilt es nach dem Erbfall noch zu regeln?

Der Eintritt eines Erbfalles zwingt die Angehörigen des Erblassers nicht nur dazu, die Beerdigung zu veranlassen, sondern auch zur Erledigung weiterer Formalitäten. Mit dem Tod wird der Erblasser plötzlich aus seinem Lebensfeld herausgerissen. Der Erbe als sein Rechtsnachfolger tritt in die bestehenden Rechtsverhältnisse ein. Verträge, die der Erblasser abgeschlossen hatte, erlöschen nicht automatisch mit seinem Tod. Der Erbe muss prüfen, welche Verträge bestehen, ob diese fortgeführt bzw. aufrechterhalten werden sollen oder ob eine Kündigung notwendig wird. Die jeweiligen Vertragspartner des Erblassers sind über dessen Tod zu informieren.

In aller Regel wird der Erbe beispielsweise nicht daran interessiert sein, ein bestehendes **Mietverhältnis** fortzuführen. Ein Sonderkündigungsrecht ermöglicht es ihm, einen Mietvertrag des Erblassers vorzeitig aufzulösen, § 564 S. 2 BGB. Das Sonderkündigungsrecht ist binnen eines Monats nach Kenntnis vom Tod des Mieters und von der Tatsache, dass ein Eintritt oder eine Fortsetzung des Mietverhältnisses nach §§ 563 ff. BGB nicht erfolgen wird, auszuüben. Für den Lauf der Frist ist die Kenntnis des/der Erben von ihrer Erbenstellung erforderlich. Bei einer Kündigung durch den Vermieter beginnt die Frist erst nach seiner Kenntnis von der Person des oder der Erben zu laufen. Innerhalb der Frist von einem Monat kann das Mietverhältnis dann mit der gesetzlichen Frist gekündigt werden, § 564 S. 2 BGB. Telefon und Strom müssen ebenso gekündigt werden wie bestehende Versicherungen des Erblassers.

Lebensversicherungen des Erblassers sind über den Todeseintritt zu informieren. Die Lebensversicherungssumme fällt jedoch nur dann in den Nachlass, wenn der Erblasser keinen Bezugsberechtigten eingesetzt hat. Wurde ein Bezugsberechtigter bestimmt, so erhält dieser die Lebensversicherungssumme direkt, ohne dass diese in den Nachlass fällt.

Auch die Bankinstitute, bei denen der Erblasser Konten führte, sind von dessen Tod in Kenntnis zu setzen. Die Banken werden die Konten bis zur Klärung der Erbfolge sperren. Um über die vorhandenen Guthaben verfügen zu können, muss der Erbe der Bank sein Erbrecht nachweisen. In aller Regel wird der Bank die Vorlage einer Kopie oder Abschrift eines Testamentes des Erblassers selbst dann nicht genügen, wenn es vor einem Notar errichtet wurde. Sein Erbrecht kann der Erbe nur durch die Vorlage eines **Erbscheines** bzw. eines **Testamentes mit Eröffnungsniederschrift** nachweisen. Wird der Nachweis vom Erben zunächst nicht erbracht, so können grundsätzlich nur die Kosten der Beerdigung vom Konto des Erblassers beglichen werden. Das ist möglich, da diese Kosten in jedem Fall vom Erben zu übernehmen sind. In einer neueren Entscheidung aus dem Jahre 2013 hat der BGH entschieden, dass bei eindeutigem Nachweis der Erbenstellung, beispielsweise durch Vorlage des eindeutig formulierten Testaments nach Eröffnung durch das Nachlassgericht, die Vorlage des Erbscheins entbehrlich ist.

III. Die Vererblichkeit des Vermögens (Universalsukzession)

1. Die „Fußstapfentheorie"

Mit dem Erbfall tritt die unmittelbare Erbfolge ein. An die Stelle des Verstorbenen treten die nach dem Gesetz zur Erbfolge berufenen Personen. Hat der Erblasser die Erbfolge durch Testament selbst bestimmt, werden die von ihm ausgewählten Personen Erben. Der Erbe rückt in die Rechtspositionen des Erblassers ein, so wie sie im Erbfall vorhanden sind. Er ist der Rechtsnachfolger des Erblassers und schaltet und waltet an dessen Stelle. Die Erben erhalten das gesamte Vermögen des Erblassers. Unter den Begriff des Vermögens fallen dabei nicht nur geldwerte Güter, sondern grundsätzlich jede vermögensrechtliche Position, wie etwa Eigentum und Besitz. Der oder die Erben erhalten also nicht nur das Bankvermögen des Erblassers, sondern auch dessen Kleidung, Auto, Haus etc.

2. Konten und Geldvermögen

Auch die Guthaben des Erblassers auf Giro-, Spar- und Depotkonten sind grundsätzlich vererblich. Der Erblasser kann allerdings zu seinen Lebzeiten verfügen, dass das im Zeitpunkt seines Todes noch vorhandene Guthaben auf seinen Konten an eine von ihm ausgewählte Person fallen soll. Liegt eine solche **Verfügung zugunsten Dritter** auf den Todesfall vor, fällt diese nicht in den Nachlass. Die vom Erblasser begünstigte Person erhält die Forderungen gegen das Bankinstitut unabhängig davon, ob sie Erbe geworden ist oder nicht. Bei **Oder-Konten** des Erblassers und seines Ehegatten ist grundsätzlich von einer Gesamtgläubigerschaft auszugehen. Es wird vermutet, dass die Hälfte des Guthabens in den Nachlass fällt.

3. Fortführung und Kündigung von Verträgen

Da die Erben die Rechtsstellung des Erblassers übernehmen, führen sie auch bestehende Verträge des Erblassers fort. Hatte der Erblasser beispielsweise eine Wohnung gemietet, so können die Erben die Rechte aus diesem Mietverhältnis geltend machen. Es besteht hier jedoch die Möglichkeit das Mietverhältnis zu kündigen, bei Vorliegen von Mängeln die Miete zu mindern oder eine vom Erblasser geleistete Kaution nach Beendigung des Mietverhältnisses zurückzuverlangen. Auch der Telefonanschluss oder Versicherungen, die der Erblasser abgeschlossen hatte, müssen von den Erben gekündigt werden.

4. Höchstpersönliche Rechte

Höchstpersönliche Rechte des Erblassers, wie etwa Mitgliedschaftsrechte, sind hingegen grundsätzlich nicht vererblich. Unter höchstpersönlichen Rechten versteht man solche, die ihrer Natur nach so eng an die Person des Erblassers gebunden sind, dass sie mit seinem Tod erlöschen.

> **BEISPIEL:** Der Erblasser war Vorsitzender des ortsansässigen Sportvereins. Diese Position geht nicht auf den Erben über. Sie ist an die Person des Erblassers gebunden und somit nicht vererblich.

Nicht vererblich ist beispielsweise auch die Position des **Geschäftsführers** einer GmbH oder ein dem Erblasser eingeräumtes Nießbrauchsrecht.

5. Verschwiegenheits- und Unterlassungspflichten

Schwierig gestaltet sich die Frage, inwieweit Verschwiegenheitspflichten und Unterlassungspflichten, die als höchstpersönliche Rechte dem Erblasser selbst zustanden, durch die Erben wahrgenommen werden können (z.B. die ärztliche Schweigepflicht). Gesetzliche und vertragliche Verschwiegenheitspflichten enden grundsätzlich nicht mit dem Erbfall. **Verschwiegenheitspflichten**, die beispielsweise das Persönlichkeitsrecht des Erblassers betreffen, haben auch gegenüber den Erben Bestand. Sofern eine Verschwiegenheitspflicht aber vermögensrelevante Bereiche betrifft, kann dem Erben ein Einsichtsrecht in Krankenunterlagen des Erblassers zustehen. Eine solche Einsichtnahme in Krankenunterlagen ist erforderlich, wenn es um die Frage von Schadenersatzansprüchen wegen möglichen Behandlungsfehlern eines Arztes geht. Auch bei Fragen zur **Testier-** und **Geschäftsunfähigkeit** des Erblassers wird angenommen, dass sein mutmaßlicher Wille dahin geht, diese Zweifel aufzuklären und zu beseitigen. Dies führt zu einer Entbindung der behandelnden Ärzte von der Schweigepflicht, um prüfen zu können, ob der Bewusstseinszustand des Erblassers bei der Errichtung eines Testamentes getrübt war und das Testament infolgedessen unwirksam ist.

6. Lebensversicherung und andere Verträge zugunsten Dritter auf den Todesfall

Nicht vererblich sind Rechtspositionen, die durch Vertrag zugunsten Dritter auf den Todesfall auf einen vom Erblasser benannten Dritten übergehen. Der Begünstigte erhält die Zuwendung außerhalb des Nachlasses durch Verfügung unter Lebenden. Die klassischen Anwendungsfälle sind in der Praxis die Bezugsberechtigungen aus einer Lebensversicherung oder einem Spar- oder Depotvertrag zugunsten Dritter. Nach § 160 Abs. 1 VVG sind mehrere Personen zu gleichen Teilen bezugsberechtigt, wenn nichts anderes bestimmt wurde. Sind die Erben des Erblassers bezugsberechtigt, gilt nach der Regelung des § 160 Abs. 2 VVG, dass im Zweifel diejenigen, welche zur Zeit des Todes als Erben berufen sind, nach dem Verhältnis ihrer Erbteile bezugsberechtigt sind. Die Erben erhalten die Lebensversicherungssumme dann aufgrund dieser Verfügung des Erblassers direkt und nicht aufgrund ihrer Position als Erben aus dem Nachlass. Nach der Rechtsprechung des Bundesgerichtshofes ist immer der Ehepartner bezugsberechtigt, mit dem der Erblasser im Zeitpunkt der Einräumung des Bezugsrechtes verheiratet war. Dies hat der Bundesgerichtshof in seiner Entscheidung vom 22.7.2015, Az. IV ZR 437/14 bestätigt. In dem Fall erklärte der Versicherungsnehmer gegenüber dem Versicherer, dass im Falle seines Todes der verwitwete Ehegatte bezugsberechtigt sein soll. Der Versicherungsnehmer ist mittlerweile in zweiter Ehe verheiratet, die Einräumung des Bezugsrechts durch den Versicherungsnehmer erfolgte während der ersten Ehe. Die Versicherung hat die Versicherungsleistung an die Ehefrau aus erster Ehe ausgezahlt.

Der Bundesgerichtshof hat die Auszahlung durch den Versicherer an die erste Ehefrau des Versicherungsnehmers bestätigt. Er führt hierzu aus, dass die Erklärung eines Versicherungsnehmers, im Falle seines Todes solle der verwitwete Ehegatte bezugsberechtigt sein, so auszulegen sei, dass damit der zum Erklärungszeitpunkt des Bezugsrechts verheiratete Ehegatte gemeint ist. Insofern sollte das Bezugsrecht im Falle einer Ehescheidung stets überprüft werden. In dem hier entschiedenen Fall hätte der Versicherungsnehmer im Zuge seiner Trennung bzw. der Ehescheidung einen neuen Bezugsberechtigten gegenüber dem Versicherer schriftlich benennen müssen, um die ursprüngliche Regelung aufzuheben und die erste Ehefrau als Bezugsberechtigte auszuschließen.

Eine Lebensversicherung die keinen Dritten, sondern alleine den Versicherungsnehmer begünstigen soll, fällt beim Tod des Versicherungsnehmers in den Nachlass.

7. Das Recht zur Totenfürsorge

Auch das Recht zur Totenfürsorge ist nicht vererblich. Dieses Recht steht grundsätzlich nicht den Erben, sondern den nahen Angehörigen des Erblassers zu. Zu den nahen Angehörigen zählen der Ehegatte, volljährige Kinder, Eltern, Großeltern, Geschwister und Enkelkinder des Erblassers. Das Totenfürsorgerecht beinhaltet die Entscheidung über die Bestattungsart, den Bestattungsort und die Grabgestaltung. Will der Erblasser das Totenfürsorgerecht nicht seinen nahen Angehörigen, sondern den Erben zusprechen oder einer anderen Person zuwenden, so sollte er der von ihm ausgewählten Person eine entsprechende Verfügung zukommen lassen. Diese Entscheidung über das Totenfürsorgerecht sollte nicht unbedingt im Testament enthalten sein, da das Testament erfahrungsgemäß erst nach erfolgter Beerdigung eröffnet wird. Allerdings schadet es nicht, die Zuweisung des Totenfürsorgerechts an eine bestimmte Person im Testament zu wiederholen.

Der BGH hat 2019 entschieden, dass das Totenfürsorgerecht unter anderem das Recht, für die Bestattung zu sorgen, umfasst. Es ist ein sonstiges Recht im Sinne von § 823 Abs. 1 BGB, das im Falle seiner Verletzung Ansprüche auf Schadensersatz sowie auf Beseitigung und Unterlassung von Beeinträchtigungen entsprechend § 1004 BGB begründen kann. Der beherrschende Grundsatz des Totenfürsorgerechts ist die Maßgeblichkeit des Willens des Verstorbenen. Bei der Ermittlung des maßgeblichen Willens kommt es nicht nur auf dessen ausdrückliche Willensbekundungen an. Es genügt, dass der Wille aus den Umständen mit Sicherheit erschlossen werden kann. Der Totenfürsorgeberechtigte ist befugt, nach dem Willen des Verstorbenen unzulässige Veränderungen an der Grabstätte zu unterbinden und dessen Willen durchzusetzen (BGH Az. VI ZR 272/18).

8. Digitaler Nachlass

Der BGH hat am 12.7.2018 die erwartete Grundsatzentscheidung zum digitalen Nachlass getroffen. Der BGH bejaht den grundsätzlichen Übergang des Nutzungsvertrages, den der Erblasser mit dem Betreiber eines sozialen Netzwerkes geschlossen hatte, im Wege der erbrechtlichen Gesamtrechtsnachfolge, § 1922 BGB (BGH Az. III ZR 183/17). Daraus entsteht ein Anspruch der Erben auf Gewährung des Zugangs zu dem Benutzerkonto und den darin enthaltenen Inhalten. Nach Auffassung des BGH stehen dem im Einzelnen weder das Fernmeldegeheimnis noch das postmortale Persönlichkeitsrecht sowie datenschutzrechtliche Regelungen oder das allgemeine Persönlichkeitsrecht der Kommunikationspartner des Erblassers entgegen. Der BGH lehnt es ab, dabei eine Differenzierung nach dem Inhalt der auf dem Konto gespeicherten Daten vorzunehmen. Da in dem seitens des BGH entschiedenen Falle die Nutzungsbedingungen des Betreibers keine Regelungen zur Vererblichkeit enthielten, konnte der BGH offen lassen, inwieweit die Vererbbarkeit des vertraglichen Nutzungsverhältnisses und des daraus folgenden Kontozugangsrechts des Erben in AGB geregelt werden kann. Aus den Regelungen des Betreibers über die Versetzung des Kontos eines Verstorbenen in einen „Gedenkzustand" ergibt sich jedenfalls keine Unvererbbarkeit. Diese Regeln sind jedoch, wie der BGH feststellt, schon nicht Inhalt des Vertrags geworden. Sie wären aber, sofern sie in wirksam in den Vertrag einbezogenen Allgemeinen Geschäftsbedingungen enthalten wären, sowohl nach § 307 Abs. 1, Abs. 2 Nr. 1 als auch nach § 307 Abs. 1, Abs. 2 Nr. 2 BGB unwirksam.

Ausführlich setzt sich die Entscheidung damit auseinander, ob die Zugangsgewährung an den Erben des Kontoinhabers mit datenschutzrechtlichen Bestimmungen im Sinne der DSGVO in Einklang steht. Dabei lässt der BGH offen, ob der Anwendungsbereich der DSGVO überhaupt eröffnet ist. Er stellt in diesem Zusammenhang fest, dass die Verarbeitung von Daten der Kommunikationspartner durch Übermittlung und dauerhafte Bereitstellung der jeweiligen Inhalte an die Erben des verstorbenen Konto-Inhabers jedenfalls nach Art. 6 Abs. 1 Buchst. b Var. 1 DSGVO und nach Art. 6 Abs. 1 Buchst. f DSGVO zulässig sind.

IV. Was fällt nicht in den Nachlass?

Erbrechtliche Positionen, die der Erblasser selbst innehatte, weil er beispielsweise selbst Miterbe einer Erbengemeinschaft war, fallen grundsätzlich in seinen Nachlass. Besonderheiten sind zu beachten, wenn der Erblasser aber einen Erbteil lediglich als Vorerbe erworben hat. In diesen Fällen ist der Erblasser selbst nicht endgültiger Erbe und die Nachlassgegenstände aus der Vorerbschaft fallen nicht in seinen Nachlass. Sie gehen mit Eintritt des Nacherbfalls auf den Nacherben über. Ähnliches gilt für den Fall, dass der Erblasser Nachlassgegenstände aus einem Vorvermächtnis erhalten hat. In diesen Fällen besteht ein schuldrechtlicher Anspruch des Nachvermächtnisnehmers auf Herausgabe dieser Gegenstände. In diesem Zusammenhang ist auch zu prüfen, inwieweit einzelne Vermögensgegenstände, zumeist Immobilien, mit Rückforderungsansprüchen zugunsten der Übergeber belastet sind, für den Fall, dass der Erblasser als Übernehmer vor dem Übergeber verstirbt.

V. Schulden

Mit dem Erbfall erwirbt der Erbe nicht nur Rechte. Auch die Pflichten des Erblassers gehen auf ihn über (Nachlassverbindlichkeiten). Der Erbe muss die Gläubiger des Erblassers befriedigen, offene Rechnungen bezahlen oder bereits eingegangene Verpflichtungen des Erblassers erfüllen.

> **BEISPIEL:** Der Erblasser hat zu seinen Lebzeiten sein Auto verkauft, dem Käufer die Fahrzeugpapiere und Schlüssel ausgehändigt. Der Käufer hat den Kaufpreis bereits gezahlt. Der Wagen sollte in der auf den Erbfall folgenden Woche übergeben werden. Hier müssen die Erben an Stelle des Erblassers das Auto an den Käufer übergeben, um so die Verpflichtungen aus dem Kaufvertrag zu erfüllen.

Vererbt werden auch die Schulden des Erblassers, die ebenfalls der Erbe zu begleichen hat. Zu den Nachlassverbindlichkeiten zählen auch die Kosten der Beerdigung des Erblassers. Der Erbe haftet grundsätzlich unbeschränkt. Zur Begleichung der Nachlassverbindlichkeiten muss er neben dem Nachlassvermögen auch sein Privatvermögen einsetzen, sofern er keine Haftungsbeschränkung auf den Nachlass herbeigeführt hat, wie zum Beispiel durch den Antrag auf Nachlassverwaltung, der Einleitung eines Nachlassinsolvenzverfahrens oder der Erhebung der Dürftigkeitseinrede.

Bei der Prüfung der Frage, welche Belastungen den Nachlass treffen, sind insbesondere familienrechtliche Unterhaltsansprüche zu berücksichtigen. **Unterhaltsansprüche** erlöschen zwar grundsätzlich sowohl beim Tod des Verpflichteten, als auch dann, wenn der Unterhaltsberechtigte verstirbt. Die Unterhaltspflicht gegenüber einem **geschiedenen Ehegatten** geht jedoch ausnahmsweise auf den Erben über, was sich aus § 1586b BGB ergibt. Allerdings ist der Anspruch in diesem Fall begrenzt auf die Höhe des nicht erhöhten Pflichtteils, den der unterhaltsberechtigte Ehegatte erhalten hätte, wenn die Ehe nicht geschieden worden wäre. Ein Anspruch auf den Zugewinnausgleich ist vererblich, wenn er nach rechtskräftiger Scheidung entstanden war.

Der Erbe hat die Möglichkeit nach dem Anfall der Erbschaft seine Haftung für Verbindlichkeiten auf das Nachlassvermögen zu beschränken (Nachlassverwaltung, **Nachlassinsolvenzverfahren**). Können diese Verfahren nicht durchgeführt werden, weil der Nachlass nicht umfangreich genug ist, um die Kosten abzudecken, kann vom Erben die sog. Einrede der Dürftigkeit des Nachlasses erhoben werden. Das Recht, diese Einrede zu erheben, kann jedoch verloren gehen. Bestehen Unsicherheiten wegen einer eventuellen Überschuldung des Nachlasses, sollten auf jeden Fall haftungsbeschränkende Maßnahmen ergriffen werden.

VI. Besonderheiten bei der Vererbung einzelner Nachlassgegenstände

Bei der Vererbung können sich hinsichtlich einzelner Nachlassgegenstände Besonderheiten ergeben und zwar insbesondere dann, wenn der Erbe selbst nicht über die erforderlichen Zulassungsvoraussetzungen verfügt, die ihm die Fortführung ermöglichen.

> **BEISPIEL:** In den Nachlass fällt eine Rechtsanwaltskanzlei. Der Erbe, der nicht selbst Rechtsanwalt ist, kann die Kanzlei nicht fortführen.

Ähnliches gilt, wenn eine **Arztpraxis** vererbt wird. Hier kommt erschwerend hinzu, dass die Praxis dem Erben im Rahmen einer Ausschreibung, sofern er über die beruflichen Voraussetzungen verfügt, zugewiesen werden muss. Dies ist zumindest dann der Fall, wenn sich die Praxis in einem Gebiet befindet, in dem eine Zulassungssperre durch den Landesausschuss der Ärzte und Krankenkassen verhängt wurde. Auch bei der Vererbung von **Apotheken** gelten nach dem Apothekergesetz Besonderheiten. Der Erbe hat die Möglichkeit, die Apotheke über einen Zeitraum von zwölf Monaten nach dem Erbfall von einem Apotheker verwalten zu lassen. Die Verwaltung erfolgt im Namen und für Rechnung des Erben. Besitzt der Erbe nicht die Berechtigung, die Apotheke zu verpachten und kann er sie auch nicht selbst fortführen, da ihm die erforderliche Erlaubnis fehlt, muss die Apotheke nach Ablauf der zwölf Monate verkauft werden. Erbberechtigte Kinder des Erblassers dürfen die Apotheke verpachten, bis das Jüngste von ihnen das 23. Lebensjahr erreicht. Die Frist kann verlängert werden, wenn einer der Abkömmlinge den Beruf des Apothekers ergreift und zwar so lange, bis dieser die Erlaubnis zur Führung einer Apotheke erhält. Auch dem erbberechtigten Ehegatten steht bis zu seiner Wiederverheiratung das Recht zur Verpachtung zu.

Die Frage des Behaltendürfens von **Waffen**, die in den Nachlass des Erblassers fallen, regelt das Waffengesetz. Der Erbe muss innerhalb eines Monats, nachdem er die Erbschaft angenommen hat (oder die Ausschlagungsfrist abgelaufen ist), die Ausstellung einer Waffenbesitzkarte beantragen oder die Waffen in eine bereits vorhandene Waffenbesitzkarte eintragen lassen. Voraussetzung für die Erlaubniserteilung zugunsten des Erben ist dessen Zuverlässigkeit sowie seine persönliche Geeignetheit im Sinne des Waffengesetzes. Außerdem muss der Erblasser selbst zum Besitz der Waffen berechtigt gewesen sein.

VII. Die Annahme und Ausschlagung der Erbschaft

1. Allgemeines

Der Erbanfall erfolgt unmittelbar. Der Erbe tritt automatisch in die Rechtstellung des Erblassers ein, also ohne hierfür etwas tun zu müssen (sog. Von-Selbst-Erwerb). Das Erbe muss nicht ausdrücklich angenommen werden. Die Erklärung der Annahme ist entbehrlich. Niemand muss jedoch gegen seinen Willen Erbe werden. Jede angefallene Erbschaft kann daher unter Einhaltung einer gesetzlich vorgeschriebenen Frist wieder rückgängig gemacht werden. Die Erbschaft muss hierfür ausgeschlagen werden. Wenn der Erbe die Erbschaft wirksam ausschlägt, dann gilt das Erbe als von Anfang an nicht angefallen. Rückschauend betrachtet ist also derjenige, der eine Erbschaft ausgeschlagen hat, nie Erbe geworden. Die Wirkungen der Erbschaft werden von Anfang an beseitigt. Die Ausschlagung kann nur innerhalb einer Frist von sechs Wochen erklärt werden. Das Gesetz sieht vor, dass die Ausschlagungsfrist sechs Monate beträgt, wenn der Erblasser seinen letzten Wohnsitz im Ausland hatte. Die verlängerte Ausschlagungsfrist gilt auch für die Erben, die sich bei Beginn der Frist im Ausland aufhalten. In diesen Fällen ist auf jeden Fall zu überprüfen, ob nicht die Europäische Erbrechtsverordnung Anwendung findet und das Recht des Staates, in dem der Erblasser seinen letzten gewöhnlichen Aufenthalt hatte, Anwendung findet. Sollte dies der Fall sein, sind die gesetzlichen Regelungen (auch in Bezug auf die Ausschlagung) des Staates des letztlichen gewöhnlichen Aufenthalts des Erblassers zu beachten, sofern der Erblasser nicht in seiner letztwilligen Verfügung von Todes wegen eine Rechtswahl getroffen hat.

2. Beginn der Ausschlagungsfrist

Die Ausschlagungsfrist beginnt zu laufen, sobald der Erbe vom Tod des Erblassers und dem Grund seiner Berufung als Erbe Kenntnis erlangt. Der Berufungsgrund kann sich aufgrund gesetzlicher Erbfolge ergeben. Auch die Einsetzung als Erbe in einem Testament/ Erbvertrag des Erblassers kann ein Berufungsgrund sein. Eine Person kann auch aus mehreren Gründen zur Erbfolge berufen sein. Das ist der Fall, wenn sie sowohl in einer Verfügung von Todes wegen des Erblassers zum Erben eingesetzt ist, als auch beim Eintritt der gesetzlichen Erbfolge Erbe geworden wäre.

BEISPIEL: Der Erblasser E verstirbt. Ein Testament ist nicht vorhanden. Auch eine andere Verfügung von Todes wegen existiert nicht. Der Nachlass ist überschuldet. Erben werden die Kinder des Erblassers K1, K2 und K3. K1 will die Erbschaft ausschlagen und möchte wissen, aus welchem Grund er zur Erbfolge berufen ist.

Lösung: Da der E keine Verfügung von Todes wegen, also weder ein Testament noch einen Erbvertrag errichtet hatte, ist nach seinem Tod die gesetzliche Erbfolge eingetreten. K1 kann die Erbschaft ausschlagen, da er kraft gesetzlicher Erbfolge als Erbe berufen ist.

3. Wie wird ausgeschlagen?

Die Ausschlagung ist zur Niederschrift des Nachlassgerichts zu erklären. Sie kann auch in öffentlich beglaubigter Form vor einem Notar gegenüber dem Nachlassgericht erklärt werden. Die Ausschlagung der Erbschaft muss nicht begründet werden. Niemand muss also erklären, warum er eine Erbschaft nicht annehmen will. Wurde die Erbschaft nicht innerhalb der Ausschlagungsfrist ausgeschlagen, so gilt das Erbe nach dem Ablauf der Frist als angenommen.

4. Keine Ausschlagung nach Annahme der Erbschaft

Obwohl die Erbschaft nicht ausdrücklich angenommen werden muss, kann die Annahme dennoch erklärt werden. Mit der Annahme der Erbschaft geht das Ausschlagungsrecht verloren. Hier ist Vorsicht geboten, denn nicht nur das Verstreichenlassen der Ausschlagungsfrist führt zur Annahme der Erbschaft. Auch andere Verhaltensweisen des Erben werden als Annahme der Erbschaft gewertet. Es handelt sich um Tätigkeiten des Erben, die den Rückschluss auf die Annahme der Erbschaft zulassen.

BEISPIELE:
- Beantragung eines Erbscheines
- Verkauf von Nachlassgegenständen
- Erhebung einer Klage auf Auseinandersetzung der Erbengemeinschaft
- Antrag auf Grundbuchberichtigung

Bloße Fürsorgemaßnahmen für den Nachlass hingegen führen nicht zu einer Annahme der Erbschaft mit der Folge, dass das Recht zur Ausschlagung verloren geht. Hierunter fällt beispielsweise die vorübergehende Fortführung eines in den Nachlass fallenden Unternehmens. Werden Gegenstände aus dem Nachlass verschenkt, die andernfalls verdorben wären, liegt hierin ebenfalls keine Annahme der Erbschaft. In solchen Fällen der konkludenten Annahme der Erbschaft kann diese gegebenenfalls noch angefochten werden. Auch wenn sich später herausstellt, dass der Nachlass überschuldet ist, kann die Annahme der Erbschaft angefochten werden.

> **BEISPIEL:** Der Erblasser E hat seine Tochter T zu seiner Alleinerbin eingesetzt. T schlägt die Erbschaft nicht aus. Später stellt sich heraus, dass der E erhebliche Steuerschulden hatte und sein Nachlass überschuldet ist. T will nun nicht mehr Erbin sein. Die Ausschlagungsfrist ist bereits abgelaufen. Was kann T tun?
>
> **Lösung:** T kann die Annahme der Erbschaft anfechten. Die Anfechtung gilt als Ausschlagung, sodass die Folgen der Erbschaftsannahme rückwirkend auf den Erbfall wieder beseitigt werden. T war aus mehreren Gründen zur Erbschaft berufen: aufgrund des Testamentes des E und aufgrund gesetzlicher Erbfolge. Die Anfechtung der Annahme erfasst beide Berufungsgründe. T muss also nicht zweimal anfechten. Zu beachten ist allerdings, dass die Anfechtung an Fristen gebunden ist.

VIII. Wer kann Erbe sein?

1. Allgemeines

Erbfähig ist jede natürliche oder juristische Person, die im Zeitpunkt des Erbfalls lebt bzw. besteht. Eine natürliche Person im Sinne des Gesetzes ist jeder Mensch. Juristische Personen sind beispielsweise Personenvereinigungen, wie etwa ein Staat (z.B. die Bundesrepublik Deutschland) oder auch Zweckvermögen, wie beispielsweise eine Stiftung. Tiere können daher nicht zu Erben berufen werden.

> **BEISPIEL:** Der Münchener Modezar Adolf Losjammer verstirbt ohne gesetzliche Erben. Er hinterlässt lediglich sein Schoßhündchen Resi. Zeitlebens wollte er sein Hündchen absichern und versorgt wissen. In seinem Testament hat er Resi und seinen langjährigen Chauffeur Xaver zu seinen Erben eingesetzt. Voraussetzung für die Erbeinsetzung von Xaver ist, dass dieser sich um Resi kümmert, als wäre diese sein eigener Hund. Wie ist die Rechtslage?
>
> **Lösung:** Das Testament ist auszulegen. Alleinerbe ist Xaver, da Resi nicht erben kann. Sie ist nicht erbfähig. Die Erbeinsetzung des Xaver steht allerdings unter der Auflage der lebenslangen Versorgung und Pflege des Hundes.

Erbe kann auch eine zum Zeitpunkt des Erbfalles zwar gezeugt, aber noch nicht geborene Person sein. Sie muss später aber lebend geboren werden.

> **BEISPIEL:** Der Erblasser D hinterlässt seine hochschwangere Ehefrau E. Drei Monate nach dem Erbfall bringt E die Zwillinge T und U zur Welt. Ein drittes Kind, S, kommt tot zur Welt. Wer ist Erbe geworden?
>
> **Lösung:** Erben werden E, T und U. S war im Zeitpunkt des Erbfalles zwar bereits gezeugt. Da er aber tot geboren wurde, steht ihm kein Erbrecht zu.

Der Staat wird nur dann Erbe, wenn der Erblasser weder durch Verfügung von Todes wegen einen Erben bestimmt hat, noch einen Ehegatten, Kinder oder sonstige Verwandte hinterlässt oder diese ihr Erbe nicht annehmen.

2. Die Verbotsnorm des § 14 HeimG

Die Einsetzung bestimmter Personen oder Institutionen als Erben oder Vermächtnisempfänger kann kraft Gesetzes unwirksam sein.

Wird ein Testament zugunsten eines Heimträgers oder eines Heimbediensteten errichtet, so ist dieses nach § 14 HeimG nicht wirksam, wenn es von einem Heimbewohner errichtet wurde und der Begünstigte Kenntnis von der Verfügung hat. Selbst wenn der Bewohner die Verfügung vor seiner Aufnahme in das Heim errichtet hat und der Begünstigte erst später hiervon erfährt, liegt Unwirksamkeit vor. Unter den Heimbegriff im Sinne der Vorschrift fallen alle Einrichtungen, die alte, pflegebedürftige oder behinderte Menschen zum Zwecke der Unterbringung dauerhaft aufnehmen.

Zu beachten ist insoweit, dass die Gesetzgebungsbefugnis auf die Länder durch Art. 74 Abs. 1 Nr. 7 GG im Zusammenhang mit der Föderalismusreform übergegangen ist. Zehn der sechzehn Bundesländer haben hiervon schon Gebrauch gemacht und ein Gesetz erlassen. Beinahe alle neuen Ländergesetze enthalten eine dem § 14 HeimG vergleichbare Regelung.

3. Beurkundender Notar als Erbe?

Wird ein Testament oder Erbvertrag vor einem Notar errichtet, so kann der beurkundende Notar in dieser Verfügung nicht zum Erben bestimmt werden. Auch auf Angehörige des Notars erstreckt sich dieses Verbot, das in § 7 BeurkG normiert ist.

Ebenso unwirksam sind letztwillige Verfügungen zugunsten von Beamten, denen die Annahme von Belohnungen verboten ist. Dieses sich aus den Vorschriften des § 43 BRRG und § 70 BBG ergebende Verbot gilt nach ständiger Rechtsprechung auch für Zuwendungen, die ein Beamter durch Testament oder Erbvertrag erhält.

2. Kapitel

Die gesetzliche Erbfolge

I. Wann tritt die gesetzliche Erbfolge ein?

Die gesetzliche Erbfolge tritt immer dann ein, wenn der Erblasser keine wirksame Verfügung von Todes wegen errichtet hat. Hat der Erblasser ein Testament oder einen Erbvertrag erstellt, so richtet sich die Erbfolge nach den im Testament/Erbvertrag enthaltenen Anordnungen. Die Verfügungen des Erblassers sind immer vorrangig. Hat der Erblasser mehrere Testamente errichtet, richtet sich die Erbfolge grundsätzlich nach den Verfügungen des Erblassers im jüngsten Testament. Etwas anderes gilt nur dann, wenn sich die Testamente inhaltlich ergänzen. Dann ist im Zweifel durch Auslegung zu ermitteln, wer Erbe geworden ist. Erben werden die Personen oder Institutionen, die der Erblasser bestimmt hat.

> **BEISPIEL:** Der verheiratete, aber kinderlose Erblasser hat verfügt, dass Erbe der ortsansässige Tierschutzverein werden soll. In diesem Fall ist die Ehefrau des Erblassers von der Erbfolge ausgeschlossen.

II. Welches Erbrecht ist anwendbar, wenn der Erblasser vor seinem Tod im Ausland lebte?

> **Hinweis:**
>
> Bei jedem Erbfall mit Auslandsberührung ist seit Inkrafttreten der Europäischen Erbrechtsverordnung zu überprüfen, welches Recht auf den Erbfall Anwendung findet. Auch bei der Verfassung von Verfügungen von Todes wegen ist stets zu hinterfragen, ob eventuell ein Umzug in das Ausland ansteht oder, sofern dies schon geschehen ist, ob deutsches Erbrecht überhaupt noch Anwendung findet. Bestehende Verfügungen von Todes wegen sind, sofern der Erblasser seinen gewöhnlichen Aufenthalt im Ausland hat, unbedingt auf das anwendbare Erbrecht zu überprüfen. Gegebenenfalls ist eine Rechtswahl zu treffen.

Die Europäische Erbrechtsverordnung ist am 16.8.2012 in Kraft getreten (§ 84 EU-ErbVO), kommt allerdings erst für Erbfälle zur Anwendung, bei denen der Erblasser am 17.8.2015 oder zu einem späteren Zeitpunkt verstorben ist bzw. verstirbt (Art. 83 Abs. 1 EU-ErbVO).

Sie verändert die Rahmenbedingungen für Erbfälle mit Auslandsberührung erheblich. In Dänemark, im Vereinigten Königreich und in der Republik Irland gilt die Europäische Erbrechtsverordnung nicht. In allen anderen 25 EU-Staaten findet sie Anwendung.

Die neue Europäische Erbrechtsverordnung beinhaltet insbesondere folgende neue Regelungen:

- Es gilt das **Domizilprinzip**. Das Erbstatut knüpft an den letzten gewöhnlichen Aufenthalt des Erblassers an. Bisher war die Staatsangehörigkeit des Erblassers ausschlaggebend.
- Es besteht die Möglichkeit der **Rechtswahl**, jedoch nur zugunsten des Heimatrechts des Erblassers und nur in Form einer Verfügung von Todes wegen.
- Ferner gilt der **Grundsatz der Nachlasseinheit**, der eine einheitliche Geltung des Erbstatuts, unabhängig von Art und Belegen-

heit des Vermögens (Vermeidung von Nachlassspaltungen) beinhaltet.

■ Die EU-Erbrechtsverordnung gilt **universell** und somit nicht nur im Verhältnis der Mitgliedsstaaten untereinander, sondern auch im Verhältnis zu Drittstaaten.

■ Grundsätzlich besteht des Weiteren ein Gleichlauf von internationaler Zuständigkeit der Gerichte und anwendbarem Erbrecht.

■ Ferner gibt es grundsätzlich keine Berücksichtigung von Rück- und Weiterverweisung mehr, mit Ausnahme bei Drittstaaten, wenn keine Rechtswahl erfolgt ist.

■ Das **Europäische Nachlasszeugnis** wurde als einheitlicher europäischer Erbnachweis eingeführt. Daneben bleiben die nationalen Erbnachweise bestehen. Eine Apostille oder Legalisation für die Anerkennung von Urkunden ist nicht mehr erforderlich.

Bisher hat sich nach deutschem Recht das Erbstatut nach der Staatsangehörigkeit gerichtet. Auf den Wohnsitz kam es nicht an. Seit Inkrafttreten der Europäischen Erbrechtsverordnung knüpft das Erbrecht an den letzten gewöhnlichen Aufenthalt des Erblassers an (Art. 21 EU-ErbVO).

Der Begriff des „gewöhnlichen Aufenthalts" ist in der Europäischen Erbrechtsverordnung nicht definiert. Anhaltspunkte für eine Auslegung des unbestimmten Rechtsbegriffes finden sich in den Erwägungsgründen (EG 23) zur Europäischen Erbrechtsverordnung. Maßgebend ist danach eine Gesamtbeurteilung der Lebensumstände des Erblassers in den Jahren vor seinem Tod und im Zeitpunkt des Todes. Dabei sind alle relevanten Tatsachen zu berücksichtigen wie z.B. die Dauer des Aufenthalts in einem Staat, die Regelmäßigkeit des Aufenthalts, die sonstigen Gründe und Umstände für den Aufenthalt. Hierunter fallen auch der Lebensmittelpunkt in familiärer und sozialer Hinsicht (im Unterschied zu einem Aufenthalt in einem anderen Staat aus beruflichen oder wirtschaftlichen Gründen), die Staatsangehörigkeit des Erblassers und die Belegenheit des Vermögens.

Bei der Auslegung sind die spezifischen Ziele der Europäischen Erbrechtsverordnung maßgebend. Länderspezifische Bestimmungen zu dem Begriff des gewöhnlichen Aufenthalts sind nicht ohne weiteres übertragbar. Der Verordnungsgeber hat selbst darauf hingewiesen, dass sich die Bestimmung des gewöhnlichen Aufenthalts im Einzelfall als komplex erweisen kann.

Hinweis

Es ist daher anzuraten, gegebenenfalls eine Rechtswahl in einer letztwilligen Verfügung von Todes wegen zu treffen, um sicherzustellen, dass das Erbrecht des Heimatstaates des Erblassers im Erbfall auch Anwendung findet (vgl. auch 5. Kapitel unter IV Ziffer 2). Eine vor Inkrafttreten der Europäischen Erbrechtsverordnung getroffene Rechtswahl bleibt nach Art. 83 Abs. 2 EU-ErbVO weiterhin wirksam, wenn sie nach den zum Zeitpunkt der Rechtswahl geltenden Vorschriften des Internationalen Privatrechts in einem Staat, dem der Erblasser angehörte (Staatsangehörigkeit), wirksam ist.

Die vorherigen Ausführungen werden anhand nachfolgender Beispiele verdeutlicht:

1. BEISPIEL: E ist deutscher Staatsangehöriger und hatte seinen Wohnsitz und Lebensmittelpunkt bisher ausschließlich in Deutschland. Nach Eintritt in seinen Ruhestand verbringt er die kalte Jahreszeit auf Mallorca. Er verstirbt während eines Aufenthaltes auf Mallorca. Er hat keine Verfügung von Todes wegen errichtet. Wie ist die Rechtslage, wenn er dort im Jahre 2014 (Ausgangsfall) bzw. im Jahr 2016 (Variante) verstorben ist?

Lösung: Bei dem Tod von E im Jahre 2014 richtete sich das Erbstatut aus deutscher Sicht nach der Staatsangehörigkeit des Erblassers (Art. 25 EGBGB). Danach war im Ausgangsfall deutsches Erbrecht anzuwenden. Auf den letzten Wohnsitz des E ist es nicht angekommen. Das spanische Internationale Privatrecht knüpfte ebenfalls an die Staatsangehörigkeit des Erblassers an, sodass die spanischen Gerichte ebenfalls zur Anwendung deutschen Erbrechts gekommen wären.

In der Variante richtet sich das Erbrecht nach der Europäischen Erbrechtsverordnung, die am 17.8.2015 in Kraft getreten ist. Das Erbrecht knüpft im Regelfall an den letzten gewöhnlichen Aufenthalt des Erblassers an. Die Staatsangehörigkeit des Erblassers ist hiernach nicht maßgebend. Es besteht die Möglichkeit, durch Rechtswahl (Art. 21 EU-ErbVO) in einer Verfügung von Todes wegen sein Heimatrecht (Art. 22 EU-Erb-VO) zu wählen. Da E keine Rechtswahl getroffen hat, ist durch Auslegung zu ermitteln, wo E zuletzt seinen gewöhnlichen Aufenthalt hatte. In der Variante und insgesamt in Fällen der Mallorca-Rentner lässt sich der letzte gewöhnliche Aufenthalt oftmals nicht eindeutig bestimmen. Der letzte gewöhnliche Aufenthalt kann daher sowohl in Deutschland oder Spanien liegen. In der Praxis kann die Frage des letzten gewöhnlichen Aufenthalts möglicherweise auch davon abhängen, ob ein deutsches oder ein spanisches Gericht über diese Frage zu entscheiden hat. Diese Unsicherheit kann nach Inkrafttreten der Europäischen Erbrechtsverordnung durch eine ausdrückliche Rechtswahl in einer letztwilligen Verfügung vermieden werden. Hätte E in der Variante seinen Wohnsitz und seinen gewöhnlichen Aufenthalt nach Eintritt in den Ruhestand komplett nach Spanien verlegt, wäre nach der Europäischen Erbrechtsverordnung spanisches Erbrecht anzuwenden, es sei denn E hätte in einer Verfügung von Todes wegen das Recht seines Heimatstaates gewählt. Dann wäre deutsches Erbrecht anzuwenden.

2. BEISPIEL: E ist deutscher Staatsangehöriger und hatte seinen Lebensmittelpunkt und Wohnsitz in Deutschland. Im Jahr 2009 hat er in Deutschland ein Testament ohne Rechtswahl errichtet. In 2011 verlegt er seinen Wohnsitz vollständig von Deutschland in die Schweiz. E verstirbt im Jahre 2014 (Ausgangsfall) bzw. 2016 (Variante) in der Schweiz.

Lösung: Im Ausgangsfall richtete sich das Erbrecht des E aus deutscher Sicht nach dessen Staatsangehörigkeit (Art. 25 EGBGB). Danach wäre deutsches Erbrecht einschlägig. Eine Rechtswahl ist nicht erfolgt. Aus Schweizer Sicht kommt es auf den letzten Wohnsitz des Erblassers an (Art. 90 Abs. 1 IPRG-CH). Danach wäre im Ausgangsfall Schweizer Erbrecht einschlägig. E hätte eine Rechtswahl zugunsten seines Heimatrechts treffen können, (Art. 91 Abs. 2 IPRG-CH), was er allerdings nicht getan hat. Aufgrund der unterschiedlichen Anknüpfungskriterien kommt es zu einer faktischen Nachlassspaltung. Deutsche Gerichte kommen zur Anwendung deutschen Erbrechts, Schweizer Gerichte zur Anwendung des Schweizer Erbrechts.

In der Variante greift die Europäische Erbrechtsverordnung. Aus deutscher Sicht richtet sich das Erbrecht nach dem letzten gewöhnlichen Aufenthalt des Erblassers (Art. 21 Abs. 1 EU-ErbVO). Dies ist die

Schweiz. Der Anwendung des Schweizer Erbrechts steht nicht entgegen, dass die Schweiz kein EU-Mitgliedsstaat ist (Art. 20 EU-ErbVO). Die Schweiz als Drittstaat würde die Verweisung annehmen (Art. 34 EU-ErbVO i.V.m. Art. 90 Abs. 1 IPRG-CH). Anders als im Ausgangsfall käme hier aus deutscher und aus Schweizer Sicht Schweizer Erbrecht zur Anwendung. Durch Rechtswahl hätte E trotz gewöhnlichen Aufenthalts in der Schweiz deutsches Erbrecht wählen können.

Das 2. Beispiel zeigt, dass für den Fall, dass der Erblasser seinen letzten gewöhnlichen Aufenthalt in einem nicht der Europäischen Union zugehörigen Drittstaat hatte, das Internationale Privatrecht dieses Staates anzuwenden ist. Das muss auch dann gelten, wenn der Erblasser seinen letzten gewöhnlichen Aufenthalt in Dänemark, Irland oder im Vereinigten Königreich hatte, die als EU- Staaten nicht der Europäischen Erbrechtsverordnung beigetreten sind.

Hinweis

Die oben genannten Beispiele zeigen einen kleinen Ausschnitt über die Komplexität der Neuregelung durch die Europäische Erbrechtsverordnung. Bei einem länger andauernden Aufenthalt im Ausland oder einem kompletten Wegzug ins Ausland sollte auf jeden Fall juristischer Rat eingeholt und gegebenenfalls, sofern möglich, eine Verfügung von Todes wegen mit entsprechender Rechtswahl des Heimatrechts verfasst werden.

III. Wer sind die gesetzlichen Erben?

Gesetzliche Erben des Erblassers sind seine Verwandten. Zu den Verwandten des Erblassers zählen seine ehelichen, nichtehelichen und adoptierten Kinder, sowie deren Abkömmlinge (Enkel, Urenkel, etc.), seine Eltern, seine Geschwister und Großeltern. Dem Ehegatten, auch dem seit Inkrafttreten des Eheöffnungsgesetzes am 1.10.2017 gleichgeschlechtlichen Ehepartner des Erblassers steht neben den Verwandten ein Sondererbrecht zu.

Vor dem 1.7.1949 geborene uneheliche Kinder sind weiterhin von dem Erbe ihres Vaters ausgeschlossen, wenn dieser vor dem 28.5. 2009 gestorben ist. Dies hat das Bundesverfassungsgericht entschieden und somit die gesetzliche Regelung bestätigt. Bis 1970 galten ein nichteheliches Kind und sein Vater als nicht miteinander verwandt. Nach der Gesetzesänderung blieb es bei der Benachteiligung für vor dem 1.7.1949 geborene nichteheliche Kinder. Im Jahr 2009 hob der Gesetzgeber die Regelung „vor dem 1.7.1949 geborene uneheliche Kinder" auf. Das gilt allerdings nur für Erbfälle, die nach dem 28.5.2009 eingetreten sind.

Ob diese Regelung mit den europäischen Menschenrechten vereinbar ist, ist mehr als fragwürdig.

Hatte der Vater am 2.10.1990 seinen gewöhnlichen Aufenthalt in der ehemaligen DDR, so sind nichteheliche Kinder weiterhin erbberechtigt, auch wenn sie vor dem 1.7.1949 geboren wurden.

IV. In welcher Reihenfolge wird geerbt?

Das Gesetz teilt die Verwandten des Erblassers in Ordnungen ein, wobei die jeweils vorgehende Ordnung die nachfolgende von der Erbfolge ausschließt. Eine Übersicht zu den Ordnungen finden Sie in **Abbildung 1.** Innerhalb der einzelnen Ordnungen gelangt derjenige zur Erbfolge, der dem Erblasser vom Verwandtheitsgrad am nächsten steht. Kinder des Erblassers schließen grundsätzlich alle anderen vorhandenen Verwandten von der Erbfolge aus. Eine Ausnahme gilt insoweit nur bezüglich des Ehegatten des Erblassers. Ist ein Kind des Erblassers vorverstorben, oder fällt es auf andere Art nach dem Erbfall weg (z.B. Ausschlagung), so treten an die Stelle des weggefallenen Kindes dessen Abkömmlinge (Eintrittsrecht). Solange ein Kind des Erblassers im Zeitpunkt des Erbfalls lebt, schließt es auch seine eigenen Kinder von der Erbfolge aus.

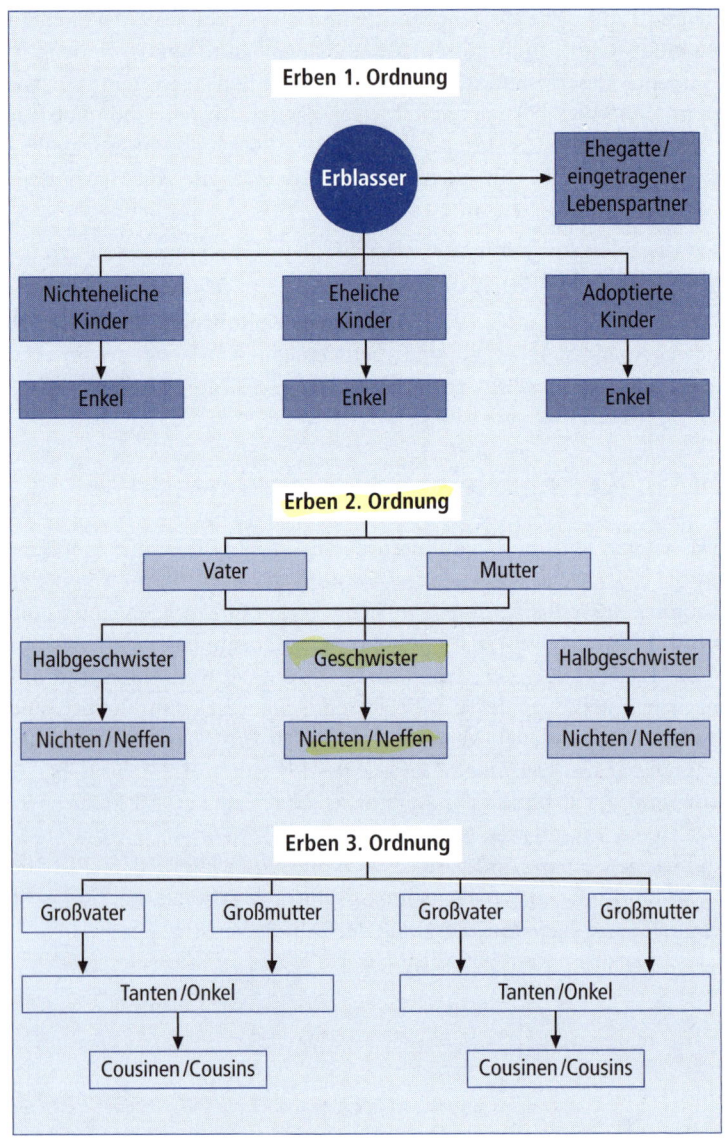

Abb. 1: Erbfolge nach Ordnungen

1. Erben 1. Ordnung sind die Abkömmlinge des Erblassers

Unter den Begriff des Abkömmlings fallen die Kinder, Enkelkinder, Urenkelkinder usw. des Erblassers.

BEISPIEL: Von drei Kindern des Erblassers lebt im Erbfall nur noch ein Sohn S. Die beiden Töchter sind bereits vorverstorben. Eine der Töchter hat einen Sohn E hinterlassen. Der Enkel lebt im Zeitpunkt des Erbfalles noch. Der Sohn der anderen Tochter lebt ebenfalls nicht mehr. Er ist bei einem Verkehrsunfall unter Hinterlassung einer Tochter T verstorben. Es tritt die gesetzliche Erbfolge ein. Wer wird Erbe?

Lösung: Erben des Erblassers werden zu je $\frac{1}{3}$ der Sohn S, der Enkel E und die Urenkelin T.

2. Erben 2. Ordnung

Erben 2. Ordnung sind die Eltern des Erblassers und deren Abkömmlinge.

Ist im Erbfall ein Elternteil des Erblassers bereits vorverstorben, treten die Abkömmlinge des Verstorbenen an seine Stelle. Hat der verstorbene Elternteil keine Abkömmlinge hinterlassen, fällt sein Erbteil dem noch lebenden Elternteil zu.

BEISPIEL: Zum Zeitpunkt des Erbfalles leben die Mutter des Erblassers sowie seine Geschwister B und S. Es tritt gesetzliche Erbfolge ein. Wer wird Erbe des Erblassers?

Lösung: Erbin zu $\frac{1}{2}$ wird die Mutter des Erblassers. Neben ihr gelangen zu je $\frac{1}{4}$ die Geschwister des Erblassers B und S zur Erbfolge, die an die Stelle ihres bereits vorverstorbenen Vaters getreten sind.

3. Erben 3. Ordnung

Erben 3. Ordnung sind die Großeltern des Erblassers und deren Abkömmlinge. Sind nur Erben der 2. oder 3. Ordnung vorhanden, richtet sich die Erbfolge nach dem sog. **Linienprinzip**. Man unterscheidet eine mütterliche Linie, die die Verwandten der Mutter des Erblassers einschließt, von einer väterlichen Linie, die die Verwandten des Vaters umfasst. Das Vermögen des Erblassers fließt jeweils hälftig in die mütterliche und väterliche Linie.

> **BEISPIEL:** Beim Tod des Erblassers leben noch dessen Großvater mütterlicherseits und eine Schwester seines Vaters. Wer wird Erbe?
> **Lösung:** Erben der 1. oder 2. Ordnung sind nicht vorhanden. Der Nachlass fällt zu je $\frac{1}{2}$ in die großelterliche Linie mütterlicherseits sowie in die großelterliche Linie väterlicherseits. In der großelterlichen Linie mütterlicherseits ist nur noch der Großvater vorhanden. Er erhält den Nachlass zu $\frac{1}{2}$. Die andere Hälfte erhält die Schwester des Vaters des Erblassers. Sie erhält sowohl den $\frac{1}{4}$ Anteil des Großvaters väterlicherseits, als auch den $\frac{1}{4}$ Anteil der Großmutter väterlicherseits, da ansonsten keine Verwandten vorhanden sind.

4. Erben 4. Ordnung

Erben 4. Ordnung sind die Urgroßeltern des Erblassers und deren Abkömmlinge. Erben 5. und fernerer Ordnungen sind die entfernteren Verwandten des Erblassers und deren Abkömmlinge. Ab der 4. Ordnung gilt das Linienprinzip nicht mehr. Der Gesetzgeber hat hier ein Gradsystem eingeführt, nach welchem derjenige Erbe wird, der dem Erblasser gradmäßig im nächsten steht.

> **BEISPIEL:** Der Erblasser hinterlässt seinen Urgroßvater väterlicherseits, eine Großtante mütterlicherseits sowie eine Tochter eines vorverstorbenen Großonkels väterlicherseits. Wer wird Erbe?
> **Lösung:** Alleinerbe wird der Urgroßvater. Das Linienprinzip gilt nicht, wenn nur Erben der 4. Ordnung vorhanden sind. Dem Erblasser gradmäßig am nächsten steht der Urgroßvater.

5. Wie erbt der Ehegatte des Erblassers?

Dem Ehegatten des Erblassers steht neben seinen Verwandten ein Sondererbrecht zu. Voraussetzung des gesetzlichen Erbrechts eines Ehegatten ist, dass er in wirksamer Ehe mit dem Erblasser verheiratet ist, § 1933 BGB.

Im Zeitpunkt des Erbfalls dürfen also die Voraussetzungen für eine Scheidung der Ehe nicht vorgelegen haben. Das Getrenntleben der Eheleute allein reicht hierfür nicht aus. Weitere Voraussetzung ist, dass der Erblasser weder die Scheidung der Ehe bei Gericht beantragt, noch einem Antrag seines Ehegatten auf Scheidung zugestimmt hat.

Die Erbquote des Ehegatten ist einerseits abhängig vom Güterstand, in welchem er mit dem Erblasser lebte. Andererseits ist maßgeblich für die Höhe der Erbquote, neben welchen Verwandten der Ehegatte zur Erbfolge berufen worden ist und welcher Ordnung diese angehören.

a) Welche Güterstände kennt das Gesetz?

Es werden drei Güterstände voneinander unterschieden:

- Güterstand der Zugewinngemeinschaft
- Güterstand der Gütertrennung
- Güterstand der Gütergemeinschaft.

Der gesetzliche Güterstand ist der Güterstand der Zugewinngemeinschaft. Nach der Heirat leben die Eheleute automatisch im gesetzlichen Güterstand. Der Güterstand kann nur durch notariell zu beurkundenden Ehevertrag gewechselt werden. Der Güterstand der Zugewinngemeinschaft war nicht immer gesetzlicher Güterstand. Es ist daher stets zu beachten, wann die Ehe der Eheleute geschlossen wurde. Zeitabschnitte über den jeweils geltenden gesetzlichen Güterstand werden in der nachfolgenden Übersicht dargestellt.

Übersicht über das Ehegattenerbrecht		
	gesetzlicher Güterstand	vertraglicher Güterstand
1.1.1900 bis 31.3.1953	Verwaltung und Nutznießung des Ehemannes, §§ 1363 ff. BGB a.F.	■ Gütertrennung, §§ 1426 ff. BGB a.F. ■ allg. Gütergemeinschaft, §§ 1437 ff. BGB a.F. ■ Fahrnisgemeinschaft, §§ 1549 ff. BGB a.F. ■ Errungenschaftsgemeinschaft, §§ 1519 ff. BGB a.F.

Übersicht über das Ehegattenerbrecht		
	gesetzlicher Güterstand	vertraglicher Güterstand
1.4.1953 bis 30.6.1958	Gütertrennung, §§ 1426 ff. BGB a.F.	■ allg. Gütergemeinschaft, §§ 1437 ff. BGB a.F. ■ Fahrnisgemeinschaft, §§ 1549 ff. BGB a.F. ■ Errungenschaftsgemeinschaft, §§ 1519 ff. BGB a.F.
ab 1.7.1958	Zugewinngemeinschaft, §§ 1363 ff. BGB	■ Gütertrennung, § 1414 BGB ■ Gütergemeinschaft, §§ 1415 ff. BGB ■ Gütertrennung, ■ ferner in den Fällen der §§ 1388, 1414, 1449, 1470 BGB

b) Wie unterscheiden sich die einzelnen Güterstände?

Leben Eheleute im gesetzlichen Güterstand der Zugewinngemeinschaft, bleibt jeder Ehegatte Herr seines eigenen Vermögens. Es wird kein gemeinschaftliches Vermögen der Eheleute begründet. Wird die Ehe durch Scheidung oder den Tod eines der Ehegatten aufgelöst, so findet ein Zugewinnausgleich statt. Anfangs- und Endvermögen der Eheleute werden miteinander abgeglichen. Derjenige der Eheleute, der während der Ehe ein höheres Vermögen erwirtschaftet hat, ist dem anderen zum Ausgleich verpflichtet. Er hat die Hälfte seines Mehrerwerbes an den anderen Ehegatten herauszugeben. Wird die Ehe der Eheleute durch den Tod eines der Ehegatten aufgelöst, erfolgt der Zugewinnausgleich durch pauschale Erhöhung der Erbquote des überlebenden Ehegatten. Die Erbquote des überlebenden Ehegatten wird um $1/4$ erhöht.

Neben Kindern des Erblassers erbt der Ehegatte in Zugewinngemeinschaft zu $1/4$. Unter Berücksichtigung der Zugewinnausgleichspauschale, beläuft sich die Erbquote des überlebenden Ehegatten auf insgesamt $1/2$. Neben Eltern und Geschwistern des Erblassers erbt der Ehegatte zu $1/2$. Seine Erbquote erhöht sich um $1/4$ auf $3/4$ infolge des pauschalen Zugewinnausgleiches.

BEISPIEL: Der Erblasser hinterlässt seine Ehefrau und zwei Kinder. Die Eheleute waren im gesetzlichen Güterstand verheiratet. Ein Testament ist nicht vorhanden, sodass der Erblasser nach den gesetzlichen Erbfolgeregeln beerbt wird. Wer erbt zu welcher Quote?

Lösung: Die Ehefrau des Erblassers erbt zu $1/4$ zuzüglich der pauschalen Erhöhung von $1/4$ zum Ausgleich des Zugewinns, insgesamt also $1/2$. Die Kinder teilen sich die andere Hälfte. Ihre Erbquote beläuft sich demnach auf je $1/4$.

Für Eheleute im gesetzlichen Güterstand besteht eine Besonderheit. Der länger Lebende kann die Erbschaft nach seinem Ehegatten ausschlagen und stattdessen den konkreten Zugewinnausgleich verlangen. Hierneben erhält er noch den sog. kleinen Pflichtteil aus seiner nicht erhöhten Erbquote. Der länger lebende Ehegatte muss im Erbfall stets prüfen, was für ihn rentabler ist: die Annahme der Erbschaft oder die Ausschlagung der Erbschaft verbunden mit der Geltendmachung des Zugewinnausgleiches zuzüglich Pflichtteil.

Der Güterstand der Gütertrennung unterscheidet sich vom Güterstand der Zugewinngemeinschaft insoweit, als bei Beendigung der Ehe kein Zugewinnausgleich durchgeführt wird. Auch im Güterstand der Gütertrennung bleibt jeder Ehegatte Herr seines eigenen Vermögens. Für den Güterstand der Gütertrennung gilt als Faustregel für die Ermittlung der Erbquote:

Der Ehegatte erbt mindestens $1/4$, aber nie weniger als ein Kind. Neben Eltern und Geschwistern des Erblassers erbt der Ehegatte in Gütertrennung mindestens $1/2$.

BEISPIEL: Der längerlebende Ehegatte gelangt in gesetzlicher Erbfolge neben den fünf Kindern des Erblassers aus erster Ehe zur Erbfolge. Zu welcher Quote erbt er?

Lösung: Nach der Faustregel zur Erbquotenbestimmung des Ehegatten in Gütertrennung erbt der Ehegatte mindestens $1/4$, aber nie weniger als ein Kind. Beim Vorhandensein von mehr als zwei Kindern des Erblassers ändert sich an der Erbquote des Ehegatten nichts. Sie beläuft sich auf $1/4$. Die Kinder des Erblassers teilen sich die übrigen ¾. Sie erhalten je $3/20$.

Vereinbaren die Eheleute für ihre Ehe den Güterstand der Gütergemeinschaft, so wird mit Begründung der Gütergemeinschaft das
Vermögen der Eheleute gemeinschaftliches Vermögen (Gesamtgut).
Auch im Güterstand der Gütergemeinschaft wird bei Beendigung
der Ehe ein Zugewinnausgleich nicht durchgeführt. Der Ehegatte
erbt neben Kindern des Erblassers regelmäßig $1/4$, neben Eltern und
Geschwistern des Erblassers regelmäßig $1/2$. Auch neben Großeltern
des Erblassers beträgt die Erbquote des überlebenden Ehegatten $1/2$.

Erbquote des Ehepartners (erbrechtliche Lösung)					
Erbanteil des Ehegatten beim Güterstand der	Anzahl der noch lebenden Kinder (Stämme)			Keine Erben erster Ordnung vorhanden, aber Erben zweiter Ordnung bzw. Großeltern vorhanden; beachte § 1931 Abs. 1 Satz 2 BGB, falls ein Großelternteil vorverstorben ist	Keine Erben erster und zweiter Ordnung vorhanden, Großeltern bereits verstorben
	1	2	ab 3		
Zugewinngemeinschaft	$1/2$	$1/2$	$1/2$	$3/4$	$1/1$
Gütertrennung	$1/2$	$1/3$	$1/4$	$1/2$	$1/1$
Gütergemeinschaft	$1/4$	$1/4$	$1/4$	$1/2$	$1/1$

Abb. 2: Übersicht zum Ehegattenerbrecht

H i n w e i s

Vor dem 1.7.1958 konnte ein Ehegatte einseitig durch notarielle
Erklärung die Fortgeltung des Güterstandes der Gütertrennung
erklären.

6. Das Erbrecht der gleichgeschlechtlichen Lebens-partner einer eingetragenen Lebenspartnerschaft

a) Vermögensstand der Lebenspartner

Nach dem am 1.8.2001 in Kraft getretenen Lebenspartnerschaftsgesetz können gleichgeschlechtliche Lebenspartner eine eingetragene

Lebenspartnerschaft begründen. Begründen die Lebenspartner eine solche eingetragene Lebenspartnerschaft, entstehen hierdurch gesetzliche Erbrechte der Lebenspartner untereinander. Voraussetzung eines gesetzlichen Erbrechtes der Lebenspartner ist – dem Ehegattenerbrecht nachgebildet- das Bestehen einer rechtswirksamen Lebenspartnerschaft im Zeitpunkt des Erbfalles. Hatte also der Erblasser im Zeitpunkt des Erbfalles die Aufhebung der Lebenspartnerschaft beantragt oder einem solchen Antrag seines Lebenspartners zugestimmt, besteht kein gesetzliches Erbrecht des länger lebenden Lebenspartners. Angelehnt an das Ehegattenerbrecht bestimmen sich auch die Erbquoten der Lebenspartner danach, in welchem Vermögensstand die Lebenspartner miteinander lebten und mit welchen Verwandten des Erblassers der Lebenspartner zur Erbfolge gelangt. Es werden drei Vermögensstände unterschieden:

- die Zugewinngemeinschaft
- die Gütertrennung
- die Gütergemeinschaft.

b) Erbquoten

Die Erbquoten richten sich nach § 10 Lebenspartnerschaftsgesetz. Nach dieser Vorschrift erbt der Lebenspartner neben Erben der 1. Ordnung $^1/_4$, neben Erben der 2. und 3. Ordnung $^1/_2$. Sind keine Erben der ersten drei Ordnungen vorhanden, erbt der Lebenspartner allein. Hatten die Lebenspartner den Vermögensstand der Zugewinngemeinschaft vereinbart, erhöht sich die Erbquote des Lebenspartners pauschal um $^1/_4$ mit der Folge, dass seine Erbquote neben Erben der 1. Ordnung $^1/_2$ und neben Erben der 2. und 3. Ordnung ¾ beträgt. Der Vermögensstand der Gütergemeinschaft hat keinen Einfluss auf die Erbquote des Lebenspartners.

Für den Vermögensstand der Vermögenstrennung gilt: Kommt der Lebenspartner neben Abkömmlingen des Erblassers zur Erbfolge, so erbt er beim Vorhandensein von nicht mehr als zwei Abkömmlingen genau so viel wie diese. Sind mehr Abkömmlinge vorhanden, erbt der Lebenspartner regelmäßig $^1/_4$, § 10 Abs. 2 LPartG.

Seit dem 1.10.2017 können gleichgeschlechtliche Paare keine Lebenspartnerschaft mehr eingehen, sondern stattdessen heiraten, § 1 Lebenspartnerschaftsgesetz.

3. Kapitel

Der Pflichtteilsanspruch

I. Allgemeines

Der Unterschied zwischen einem Erb- und einem Pflichtteilsanspruch ist für den juristischen Laien auf den ersten Blick nur schwer verständlich, kann aber eigentlich ganz einfach erklärt werden. Mit dem Eintritt des Erbfalls tritt die unmittelbare Erbnachfolge ein. D.h., dass an Stelle des Verstorbenen die gesetzlich vorgesehenen Erben oder die vom Verstorbenen selbst durch Testament bestimmten Personen seinen Nachlass, also sein gesamtes Vermögen, erhalten. Ein Pflichtteilsanspruch ist dagegen nur ein Anspruch auf Auszahlung eines bestimmten Geldbetrages aus dem Nachlass. Er entsteht auch nur dann, wenn eine an sich vom Gesetz als Erbe vorgesehene Person durch den Erblasser enterbt wird.

Hat der Erblasser daher kein Testament hinterlassen und tritt gesetzliche Erbfolge ein, besteht grundsätzlich kein Pflichtteilsrecht, weil die vom Gesetz vorgesehenen Personen auch die Erben des Verstorbenen werden. Wird allerdings durch Testament oder Erbvertrag eine Person, die eigentlich als gesetzlicher Erbe in Betracht kommt von der Erbfolge ausgeschlossen, also enterbt, dann steht dieser Person der Pflichtteil zu, wenn sie als pflichtteilsberechtigte Person vom Gesetz vorgesehen ist. Dieser Pflichtteilsanspruch ist dann die sog. „Mindestbeteiligung" am Wert des Vermögens, welches der Erblasser hinterlassen hat.

Der Pflichtteil und somit die Mindestbeteiligung des Berechtigten am Nachlassvermögen, beschränkt den Erblasser dahingehend, den vollen Vermögenswert des Nachlasses den von ihm bestimmten Erben zuzuwenden. Seine Testierfreiheit wird zwar nicht tatsächlich eingeschränkt, der Erblasser kann grundsätzlich frei entscheiden und frei bestimmen, wen er zu seinem Erben bestimmt, aber wirtschaftlich wird seine Testierfreiheit dadurch beeinträchtigt, dass seine Erben an den übergangenen Pflichtteilsberechtigten Auszahlungen in Form des Pflichtteils vornehmen müssen. Kurz gesagt heißt dies, dass bestimmte Personen im Erbfall nicht leer ausgehen dürfen. Ihnen wird durch das Pflichtteilsrecht und dem daraus resultierenden Pflichtteilsanspruch ein Mindestwert am Nachlass gesichert.

II. Der Pflichtteilsanspruch als Geldanspruch

Während der oder die Erben unmittelbar den gesamten Nachlass des Erblassers erhalten und sich im Nachlass aber in den meisten Fällen nicht nur Geldvermögen, sondern auch Immobilien, Firmenbeteiligungen, Gegenstände und sonstige persönliche Sachen des Erblassers befinden können, ist es für die Erben oftmals schwierig den grundsätzlich in Geld auszuzahlenden Pflichtteil zu begleichen. Da der Pflichtteil keine Beteiligung am Nachlass, sondern in seiner Erbersatzfunktion nur ein Geldanspruch in Höhe der wertmäßigen Mindestbeteiligung am Nachlass ist, muss er von den Erben nach Eintritt des Erbfalls auch in Geld beglichen werden. Für die Erben ist oftmals problematisch, wie sie den Pflichtteilsanspruch bezahlen sollen bzw. können, da sie darauf angewiesen sind, dass der Nachlass über ausreichend Liquidität verfügt oder die Nachlassgegenstände auch veräußert werden können. Größere Schwierigkeiten bestehen hier insbesondere auch, wenn sich im Nachlass eine Firma befindet und liquide Vermögenswerte nicht hinreichend vorhanden sind.

III. Wie erfahre ich von meinem Pflichtteilsanspruch bzw. von meiner Enterbung?

Für den Pflichtteilsberechtigten stellt sich die Frage, wie er von seiner Enterbung, die grundsätzlich Voraussetzung für den Pflichtteilsanspruch ist, erfährt. Auch dies ist grundsätzlich ganz einfach. Mit dem Erbfall und dem dadurch Inkrafttreten eines den Pflichtteilsberechtigten enterbenden Testaments wird der Erbe beim Nachlassgericht grundsätzlich einen Erbschein beantragen. In diesem Erbscheinsverfahren ist der Erbe verpflichtet, die nahen Angehörigen des Erblassers zu benennen, da das Nachlassgericht gehalten ist, diese Personen über das vorliegende Testament und die vorliegende Enterbung zu informieren. Werden die erforderlichen Auskünfte des Erben ordnungsgemäß beim Nachlassgericht erteilt, so wird das Nachlassgericht das Testament eröffnen und den pflichtteilsberechtigten Angehörigen über die Enterbung gesondert informieren. Der Pflichtteilsberechtigte hat dann die Möglichkeit, gegenüber dem Erben den Pflichtteilsanspruch geltend zu machen.

Liegt der Fall jetzt allerdings so, dass der Erbe widerrechtlich keine Auskünfte über die nahen Angehörigen gibt und erklärt, dass keine nahen Angehörigen vorhanden sind, wird das Nachlassgericht dies in der Regel nicht überprüfen und den Erben lediglich durch Abgabe einer eidesstattlichen Versicherung seine Auskünfte bestätigen lassen. Dies führt dann dazu, dass das Nachlassgericht auch keine Angehörigen informieren kann. Besteht daher Kenntnis vom Erbfall des Erblassers, zu dem man pflichtteilsberechtigt ist, so sollte man nach gewisser Zeit eine Anfrage an das Gericht stellen, ob der Erblasser ein Testament hinterlassen hat. Durch Vorlage entsprechender Abstammungsurkunden (Geburts- und Heiratsurkunde), die man beim Standesamt erhält, muss das Gericht dann auch entsprechende Auskünfte erteilen. Vereinfacht wird dies auch dadurch, dass man auch eine entsprechende Sterbeurkunde beim Gericht vorlegt, die man wiederum beim Standesamt erhält. Zuständig für den Erbfall ist immer das Amtsgericht, in dessen Bezirk der Erblasser seinen letzten Wohnsitz hatte.

Muster eines Schreibens an das Amtsgericht – Nachlassgericht:

Amtsgericht
– Nachlassgericht –

Nachlass des verstorbenen Erblassers Peter Peterson, verst. am 15.12.2019 in Buxtehude, zuletzt wohnhaft Petersburger Str. 10, 53521 Petershausen

Sehr geehrte Damen und Herren,
am 15.12.2019 verstarb der Erblasser Peter Peterson. Eine Sterbeurkunde habe ich dem Schreiben in der Anlage beigefügt.
Wie aus der sich ebenfalls in der Anlage beigefügten Geburtsurkunde ersichtlich, bin ich ein nichtehelicher Abkömmling des Erblassers.
Ich bitte um Mitteilung, ob der Erblasser eine letztwillige Verfügung von Todes wegen hinterlassen hat und ob ein Nachlassverfahren und wenn ja, unter welchem Aktenzeichen bereits anhängig ist.

Als weitere Abkömmlinge des Erblassers sind mir bekannt:
1. …
2. …
Für weitere Rückfragen stehe ich Ihnen jederzeit zur Verfügung.

Mit freundlichen Grüßen

Hubert Peterson

IV. Wer ist pflichtteilsberechtigt?

Nicht jede Person, die durch den Erblasser von der gesetzlichen Erbfolge ausgeschlossen wurde, hat auch tatsächlich einen Pflichtteilsanspruch. Nach dem Gesetz sind nämlich nur die Abkömmlinge (wobei das nicht nur die eigenen Kinder, sondern auch die Enkel und Urenkel sein können, wenn deren Eltern vorverstorben sind), die Eltern und der Ehegatte des Erblassers, dem gleichgestellt auch der gleichgeschlechtliche Lebenspartner, pflichtteilsberechtigt. Ein Pflichtteilsrecht steht daher nur den nächsten Angehörigen zu und unter diesen nächsten Angehörigen ist auch eine Reihenfolge zu beachten, d.h. dass nicht alle nächsten Angehörigen gleichzeitig pflichtteilsberechtigt sind. Sind nämlich Abkömmlinge vorhanden (Kinder, Enkel, Urenkel) und wären diese grundsätzlich gesetzliche Erben geworden, so steht den Eltern kein Pflichtteilsrecht zu. Der

Ehegatte oder der Lebenspartner einer gleichgeschlechtlichen Lebenspartnerschaft ist dagegen auch bei Vorhandensein von Abkömmlingen pflichtteilsberechtigt. Andere Verwandte, wie beispielsweise die Geschwister des Erblassers oder seine Neffen und Nichten, als auch seine Großeltern, sind generell nicht pflichtteilsberechtigt.

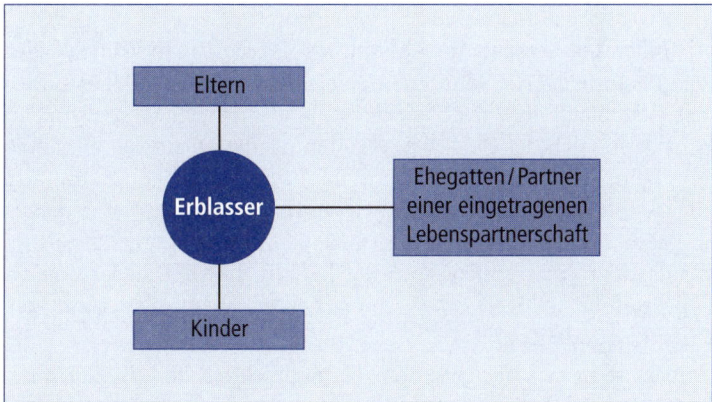

Abb. 3: Übersicht der pflichtteilsberechtigten Personen

V. Voraussetzungen für das Bestehen eines Pflichtteilsanspruchs

Voraussetzung für den Pflichtteilsanspruch ist grundsätzlich eine Enterbung eines an sich gesetzlichen Erben. Erst wenn ein Abkömmling oder ein Ehepartner oder ein Partner einer gleichgeschlechtlichen Lebenspartnerschaft durch den Erblasser enterbt wurde, ist dieser pflichtteilsberechtigt. Gleiches gilt, wenn der Erblasser keine Abkömmlinge hatte; dann sind seine Eltern pflichtteilsberechtigt, wenn sie von ihm im Testament nicht ausreichend bedacht wurden.

Sofern der Erblasser im Ausland lebt bzw. dort seinen gewöhnlichen Aufenthalt hat, ist zunächst zu überprüfen, nach welchem Recht sich der Erbfall richtet. Sofern sich dieser nach ausländischem Recht richtet, ist weiter zu prüfen, ob diese Rechtsordnung einen Pflichtteilsanspruch kennt und wie die sonstigen erbrechtlichen Normen dieses Staates ausgestaltet sind.

VI. Wahlmöglichkeiten zwischen Erbe und Pflichtteil?

Als pflichtteilsberechtigter Abkömmling verliert man grundsätzlich sein Pflichtteilsrecht, wenn man die Erbschaft ablehnt, d.h. den Erbteil ausschlägt. Mit der Ausschlagung des gesetzlichen Erbrechts geht dann auch der Pflichtteil verloren. Anders stellt sich die Situation beim Abkömmling nur dann dar, wenn der Abkömmling vom Erblasser durch Testament zum Erben berufen wurde, der Erblasser ihn aber z.B. mit Vermächtnisansprüchen, einer Testamentsvollstreckung oder einer Auflage belastet hat. In diesen Fällen kann der pflichtteilsberechtigte Erbe seinen Erbteil ausschlagen und den Pflichtteil verlangen.

Anders stellt sich die Situation beim pflichtteilsberechtigten Ehepartner (und Lebenspartner einer eingetragenen Lebenspartnerschaft) dar, der im gesetzlichen Güterstand lebte. Dieser hat die Möglichkeit sowohl als gesetzlicher Erbe als auch als testamentarischer Erbe die Erbschaft auszuschlagen und stattdessen seinen Pflichtteilsanspruch zu verlangen. Eine solche Ausschlagungsmöglichkeit kann für den überlebenden Lebenspartner günstiger sein, als wenn er die Erbschaft annehmen würde. Er hat dann nämlich die Möglichkeit, seinen konkreten Zugewinnausgleichsanspruch geltend zu machen und daneben noch einen Pflichtteil zu erhalten.

Hinweis

Die Ausschlagung des überlebenden Ehepartners sollte wohl durchdacht und entsprechend überprüft worden sein. Eine Ausschlagung macht nämlich nur dann Sinn, wenn der überlebende Ehepartner auch einen entsprechend hohen Zugewinnausgleich fordern kann. Andernfalls würde es durch die Ausschlagung zu einer wesentlichen Reduzierung seiner Erbansprüche kommen. In diesen Fällen ist daher dringend angeraten, einen entsprechenden juristischen Rat einzuholen.

VII. Wie hoch ist der Pflichtteilsanspruch?

1. Die Berechnung des Pflichtteilsanspruchs

Dem von der Erbfolge durch Verfügung von Todes wegen ausgeschlossenen Pflichtteilsberechtigten steht ein Pflichtteilsanspruch in Höhe der Hälfte des Wertes seines gesetzlichen Erbteils zu. Der Pflichtteil beträgt also wertmäßig immer die Hälfte desjenigen Betrages, den der Pflichtteilsberechtigte als gesetzlicher Erbe ansonsten erhalten hätte. Für die Bemessung der Höhe des Pflichtteilsanspruchs ist daher zunächst festzustellen, welche gesetzliche Erbquote der Pflichtteilsberechtigte gehabt hätte. Die Hälfte dieser gesetzlichen Erbquote ist dann die Pflichtteilsquote, mit der der Pflichtteilsanspruch berechnet wird. In einem weiteren Schritt ist dann der Nachlasswert zu ermitteln und anschließend anhand der Pflichtteilsquote der genaue Wert des Pflichtteilsanspruchs.

> **Hinweis**
>
> Bei der Ermittlung der gesetzlichen Erbfolge und somit der Pflichtteilsquote ist grundsätzlich zu berücksichtigen, dass diejenigen Abkömmlinge nicht mitgezählt werden, die einen Erbverzicht erklärt haben. Diejenigen, die lediglich einen Pflichtteilsverzicht erklärt haben, sind als Quotenberechtigte in jedem Fall mit einzubeziehen.

2. Gesetzliche Erb- und Pflichtteilsquote des Ehepartners

Schwieriger gestaltet sich die Berechnung der Pflichtteilsquote beim überlebenden Ehepartner. Ist dieser von der Erbfolge ausgeschlossen, so ist für die Berechnung seiner Pflichtteilsquote zunächst der Güterstand, in dem er mit dem Erblasser verheiratet war, festzustellen. Anhand des Güterstandes ist dann seine gesetzliche Erbquote und daraus resultierend die Pflichtteilsquote zu berechnen.

Übersicht über die Pflichtteilsquoten des Ehepartners			
Güterstand	**Pflichtteilsquote des Ehepartners neben Abkömmlingen**		
Gesetzlicher Güterstand (Zugewinngemeinschaft)	$1/4$		
Gütergemeinschaft	$1/8$		
Gütertrennung	1 Kind	2 Kinder	mehr als 2 Kinder
	$1/4$	$1/6$	$1/8$

3. Gesetzliche Erb- und Pflichtteilsquote des Partners einer eingetragenen Lebenspartnerschaft

Mit der Einführung des Lebenspartnerschaftsgesetzes wurde der Lebenspartner einer gleichgeschlechtlichen Partnerschaft erbrechtlich dem Ehepartner gleichgestellt. Wird der Partner einer eingetragenen Lebenspartnerschaft durch Testament von der Erbfolge ausgeschlossen (enterbt), dann steht ihm ebenfalls ein Pflichtteils- und Pflichtteilsergänzungsanspruch am Nachlass des verstorbenen Erblassers zu.

Wie bei allen anderen Pflichtteilsberechtigten auch, beträgt die Pflichtteilsquote des Lebenspartners die Hälfte seines gesetzlichen Erbteils. Wie beim Ehegatten beträgt der gesetzliche Erbteil neben den Verwandten 1. Ordnung $1/4$, neben Verwandten der 2. Ordnung oder neben Großeltern die Hälfte. Sind weder Verwandte der 1. noch der 2. Ordnung und auch keine Großeltern vorhanden, so wird der überlebende Lebenspartner gesetzlicher Alleinerbe. Weiter ist nunmehr zu prüfen, in welchem Vermögensstand die Partner einer eingetragenen Lebenspartnerschaft verbunden waren. Dies wird in der Regel der Vermögensstand der Zugewinngemeinschaft sein. Ist dies der Fall, dann erhöht sich der Erbteil des überlebenden Lebenspartners um ein weiteres Viertel. Haben die Lebenspartner im Vermögensstand der Gütertrennung gelebt, so verbleibt es bei den voran genannten gesetzlichen Erbquoten.

Besteht daher zwischen den Lebenspartnern keine Ausgleichsgemeinschaft, so beträgt der Pflichtteil neben Erben der 1. Ordnung $1/8$, neben den Erben 2. Ordnung oder Großeltern $1/4$ und neben sonstigen Verwandten die Hälfte.

Lediglich wenn die Lebenspartner im Vermögensstand der Gütergemeinschaft gelebt haben, ergibt sich eine Rechtslage wie bei Ehegatten, die in Zugewinngemeinschaft gelebt haben. In diesen Fällen kann der überlebende Lebenspartner nämlich entscheiden, ob er es bei der Erhöhung seiner Erbquote belassen will oder ob er den ihm gesetzlich zustehenden Erbteil oder auch den ihm testamentarisch zugewandten Erbteil ausschlägt und stattdessen seinen Ausgleichsanspruch (entspricht dem Zugewinnausgleichsanspruch) und daneben seinen Pflichtteilsanspruch geltend macht.

Wird der Partner einer eingetragenen Lebenspartnerschaft von der Erbfolge ausgeschlossen (erhält er auch kein Vermächtnis), dann ist er darauf angewiesen, den Ausgleichsanspruch nach dem Vermögensstand der Zugewinngemeinschaft geltend zu machen und daneben seinen sog. Pflichtteil, der sich aus dem nicht erhöhten Erbteil berechnet.

Hinweis

Ein Pflichtteilsanspruch des überlebenden Lebenspartners besteht nicht mehr, wenn die Lebenspartnerschaft durch Beschluss aufgehoben wurde oder wenn zum Zeitpunkt des Erbfalls die Voraussetzungen und Fristen für die Aufhebung einer Lebenspartnerschaft gegeben waren und der Erblasser die Aufhebung beantragt oder ihr zugestimmt hatte. Gleiches gilt, wenn der Erblasser einen begründeten Antrag auf Aufhebung wegen unzumutbarer Härte gestellt hatte.

4. Gesetzliche Erb- und Pflichtteilsquote der Eltern

Nach § 1925 BGB sind die Eltern des Erblassers Erben 2. Ordnung. Da die Eltern aber nur dann pflichtteilsberechtigt sind, wenn keine Abkömmlinge vorhanden sind (§ 2309 BGB), kann sich eine Pflichtteilsberechtigung der Eltern entweder allein oder bei Vorhandensein eines Ehegatten (Lebenspartners) ergeben. Ist kein Ehegatte vorhanden, dann würden die Eltern zu je $1/2$ gesetzliche Erben werden. Ihre Pflichtteilsquoten würden dann jeweils $1/4$ betragen. Ist hingegen ein Ehepartner vorhanden oder ein Partner einer eingetragenen Lebenspartnerschaft, dann beträgt die Erbquote grundsätzlich $1/2$, d.h. jeder der Eltern würde zu $1/4$ erben, sodass die Pflichtteilsquoten jeweils $1/8$ wären. Hat der überlebende Ehepartner oder Partner einen eingetragenen Lebenspartnerschaft im gesetzlichen Güterstand der Zugewinngemeinschaft gelebt, dann erhöht sich der gesetzliche Erbteil des überlebenden Ehegatten um ein weiteres Viertel, sodass die Eltern des Erblassers insgesamt nur $1/4$ und somit jeder $1/8$ gesetzlich erben würden. Der Pflichtteil würde dann jeweils $1/16$ betragen.

5. Pflichtteilsquote bei Erbverzicht

Maßgebend für die Pflichtteilsquote ist, wie bereits ausgeführt, grundsätzlich die Quote nach der gesetzlichen Erbfolge. Es stellt sich allerdings die Frage, welche beteiligten Personen bei Ermittlung der Erbquote berücksichtigt werden müssen. Maßgebend ist hierfür die Vorschrift des § 2310 BGB. Danach ist bei der Feststellung des Erbteils für die Ermittlung der Pflichtteilsquote derjenige mitzuzählen, der durch letztwillige Verfügung von der Erbfolge ausgeschlossen wurde (also enterbt wurde) oder der die Erbschaft ausgeschlagen hat. Mitgezählt wird bei der Quotenermittlung weiterhin derjenige, der für erbunwürdig erklärt wurde. Nicht mitgezählt wird dagegen, wer einen Erbverzicht erklärt hat. Insoweit ist immer darauf zu achten, dass ein Erbverzicht die Pflichtteilsquote anderer Abkömmlinge erhöht. Vor dem Abschluss eines Erbverzichtsvertrages ist daher immer zu prüfen, ob dies sinnvoll ist im Hinblick auf die Erhöhung der Pflichtteilsansprüche anderer Beteiligter. Gegebenenfalls reicht die Abgabe eines Pflichtteilsverzichts, der nicht erhöhend wirkt, aus.

BEISPIEL: Der Erblasser E hat zwei Kinder A und B. Mit seiner Ehefrau F hat er einen Ehe- und Erbvertrag errichtet, in dem die Eheleute gegenseitig einen Erbverzicht erklärt haben. Einige Jahre vor dem Tod haben sich E und F in einem Berliner Testament gegenseitig zu Alleinerben eingesetzt.
Als E verstirbt, macht A den Pflichtteilsanspruch geltend. Der Nachlass beträgt 1 Mio. Euro.

Lösung: Bei der Ermittlung der Pflichtteilsquote von A ist aufgrund des Erbverzichts, den die Eheleute nicht aufgehoben hatten, der gesetzliche Erbteil der F nicht zu berücksichtigen. Danach wären bei gesetzlicher Erbfolge (ohne F) A und B zu je $1/2$ Erben und der Pflichtteil von A beläuft sich auf $1/4$ aus 1 Mio. Euro = 250.000 Euro.

Hätten E und F den Erbverzicht aufgehoben, dann hätte F bei der Ermittlung der Pflichtteilsquote mit berücksichtigt werden müssen und dem A würde dann nach gesetzlicher Erbfolge $1/4$ und ein Pflichtteilsanspruch von $1/8$ aus 1 Mio. Euro = 125.000 Euro zustehen.

Der Erbverzicht führt so zu einer Verdoppelung des Pflichtteils.

6. Woraus berechnet sich der Pflichtteilsanspruch?

a) Netto-Nachlass

Der Pflichtteilsanspruch berechnet sich grundsätzlich aus dem Netto-Nachlass. Darunter versteht man den Wert des Vermögens, welches der Erblasser zum Zeitpunkt des Erbfalls hinterlässt, wobei alle Schulden und Verbindlichkeiten bereits abgezogen sind. Man kann insoweit auch vom Reinvermögen sprechen. Die oben ermittelte Pflichtteilsquote bestimmt danach den Anteil und somit den Wert, den der Pflichtteilsberechtigte aus dem Nachlass ausgezahlt bekommt. Für die konkrete Berechnung ist daher zunächst der Nachlasswert festzustellen, in dem die Aktiva des Nachlasses und die Passiva des Nachlasses ermittelt werden und der daraus resultierende Überschuss, der den Netto-Nachlasswert darstellt, mit der Pflichtteilsquote multipliziert wird. Einfach lässt sich dies wie folgt darstellen:

Aktiva		Passiva	
Haus:	500.000 Euro	Beerdigungskosten:	10.000 Euro
Geldvermögen:	200.000 Euro	Bankverbindlichkeiten:	90.000 Euro
Gesamt:	700.000 Euro	Gesamt:	100.000 Euro

Saldo: 700.000 – 100.000 = 600.000 × Pflichtteilsquote $1/8$ = 75.000 Euro

b) Umfang des Nachlasses

Schwierigkeiten bestehen oftmals bei der Bestimmung des Nachlassbestandes. Um diesen festzustellen, steht dem Pflichtteilsberechtigten ein Auskunftsanspruch und ein Wertermittlungsanspruch zu. Aber auch nach erteilter Auskunft ist oftmals strittig, welche Aktiva in den Nachlass für die Pflichtteilsberechnung mit einzubeziehen sind und welche Passiva im Rahmen der Berechnung des Pflichtteils abzugsfähig sind, da nach dem sog. Stichtagsprinzip immer auf den Zeitpunkt des Todes abzustellen ist.

Hinweis

In die Aktiva des Nachlasses fallen grundsätzlich auch Steuererstattungen. Dies gilt sowohl für die Jahre vor dem Erbfall, als auch für das Jahr des Erbfalls, für das eine Einkommensteuererklärung abzugeben ist. Bei Ehepartnern besteht insoweit das Problem, wie die Aufteilung vorzunehmen ist, wenn diese gemeinsam veranlagt wurden. Die Steuerrückerstattung fällt insgesamt in den Nachlass, wenn nur der Erblasser selbst steuerpflichtige Einkünfte erzielt hat. Strittig ist, wie vorzugehen ist, wenn beide Ehegatten verdient haben. Hier will eine Meinung eine Aufteilung nach dem Verhältnis der steuerpflichtigen Einkünfte vornehmen. Eine andere Meinung will Steuerrückerstattungsbeträge so aufteilen, wie sie bei getrennter Veranlagung angesetzt worden wären.

---

c) Nachlassverbindlichkeiten, die bei der Pflichtteilsberechnung Berücksichtigung finden

Abgezogen werden können vom Aktivbestand grundsätzlich alle Verbindlichkeiten, die zum Zeitpunkt des Erbfalls bereits bestanden. Dies sind die sog. **Erblasserschulden,** die der Erblasser noch selbst eingegangen ist, wie beispielsweise noch nicht getilgte Darlehen, einschließlich der angefallenen Zinsen, offene Rechnungen oder auch rückständige Steuerschulden.

Schwieriger zu beantworten ist die Frage bei den sog. **Erbfallschulden.** Dies sind diejenigen Verbindlichkeiten, die mit dem Eintritt des Erbfalls entstehen, wie beispielsweise Beerdigungskosten, Kosten für die Beantragung des Erbscheins und die Eröffnung des Testaments oder beispielsweise Verbindlichkeiten, die sich aus der Erfüllung von Vermächtnissen und Zugewinnausgleichsforderungen ergeben. Als Faustregel gilt hierbei, dass nur diejenigen Nachlassverbindlichkeiten für die Berechnung des Pflichtteils abzugsfähig sind, die auch bei Eintritt der gesetzlichen Erbfolge entstanden wären und die in diesem Fall auch von dem Pflichtteilsberechtigten zu tragen gewesen wären.

Abzugsfähig sind insoweit im Einzelnen beispielsweise die Kosten für die Beerdigung (nach noch h. M. aber nicht die laufende Grabpflege), die Kosten für die Feststellung des Nachlassbestandes und des Wertes, sofern hierfür Anwalts- und Prozesskosten entstehen, gelten diese ebenfalls als Nachlassverbindlichkeiten, die Kosten des Erbscheinsverfahren, wenn der Pflichtteilsberechtigte dies veranlasst hat, indem er beispielsweise Einwendungen gegen das Testament erhoben hat, die Kosten einer Nachlassverwaltung und Testamentsvollstreckung allerdings nur dann, wenn sie auch dem Pflichtteilsberechtigten zugutegekommen sind, was unter anderem dann der Fall ist, wenn dadurch der Nachlass gesichert wurde. Ebenfalls abzugsfähig sind die Zugewinnausgleichsforderungen des überlebenden Ehepartners und die nach § 1586b BGB gegen den Erben gerichteten Unterhaltsansprüche des vom Erblasser geschiedenen Ehegatten.

Nicht abgezogen werden können Vermächtnisansprüche, die im Testament angeordnet sind, Erbschaftsteuern und latente Ertragssteuern, wobei letzteres strittig ist. Auch nicht abzugsfähig sind Pflichtteilsansprüche anderer pflichtteilsberechtigter Personen.

VIII. Die Bewertung der Nachlassgegenstände

1. Der Verkehrswert

Für die Berechnung des Pflichtteilsanspruchs sind für die vorhandenen Nachlassgegenstände die Verkehrswerte zu ermitteln und zugrunde zu legen. Wertfestsetzungen, die der Erblasser selbst trifft, sind daher grundsätzlich unbeachtlich. Die Ermittlung der Verkehrswerte erfolgt in der Regel durch Erstellung von Sachverständigengutachten. Als Bewertungszeitpunkt ist der Todestag des Erblassers zugrunde zu legen (Stichtagsprinzip). Auf eine Ermittlung des Verkehrswertes durch Sachverständigengutachten kann nur in Ausnahmefällen verzichtet werden, wenn nämlich der zu bewertende Nachlassgegenstand bald nach dem Erbfall veräußert wird, dann ist der tatsächlich erzielte Veräußerungserlös für die Berechnung des Pflichtteilsanspruchs maßgebend. Die Gerichte setzen hierfür einen Zeitraum bis zu drei Jahren nach dem Erbfall an, in Ausnahmefällen auch fünf Jahre, wobei es in den genannten Zeiträumen nicht zu unregelmäßigen Wertveränderungen kommen darf.

2. Die Bewertung von Mobilien

Keine Schwierigkeiten bereitet in der Regel die Bewertung von Bargeld und Geldvermögen. Bezüglich der Bankguthaben des Erblassers bietet es sich an, dass sich der Pflichtteilsberechtigte die Mitteilung nach § 33 ErbStG, welche die Bank automatisch zum Stichtag des Erbfalls an die Erbschaftsteuerfinanzämter schickt, vorlegen lässt. Hieraus kann der exakte Betrag, den der Erblasser auf den Bankkonten hatte, problemlos ermittelt werden.

Weitaus schwieriger wird die Wertermittlung aber dann, wenn es um die Frage geht, wie beispielsweise der Hausrat und die Einrichtungsgegenstände der vom Erblasser bewohnten Wohnung oder des gemeinsam mit dem Ehepartner/Lebenspartner genutzten Hauswesens bewertet werden müssen. Ein Sachverständiger, der diese Werte entsprechend festlegen kann, dürfte hier nur schwer zu finden sein. Es bietet sich daher an, dass, wenn eine Einigung unter den Parteien nicht erzielt werden kann, eine Firma, die Haushaltsauflösungen vornimmt, einen Kostenvoranschlag für die Entgegennahme der Gegenstände abgibt. Je nach Wert des Inventars kann dies dazu führen, dass der Erbe auch noch etwas bezahlen muss, damit eine solche Firma die Gegenstände abholt. Sind die Einrichtungsgegenstände etwas wertvoller, so wird die Firma hierfür in der Regel einen bestimmten Betrag leisten.

Befindet sich im Nachlass des Erblassers ein Pkw oder sonstige Fahrzeuge, so sollte man sich diesbezüglich den Ankaufswert durch einen Kfz-Händler bzw. ein entsprechendes Angebot geben lassen (beispielsweise eine Bewertung nach DAT). Nicht zu erzielen dürfte wohl in der Regel der Wert sein, der sich für den gebrauchten Pkw aus der Schwacke-Liste ergibt. Man sollte daher entsprechende Vergleichsangebote einholen oder aber ein Gutachten beispielsweise durch die DEKRA erstellen lassen.

Für die Bewertung von Kunstgegenständen bieten sich beispielsweise Auktionshäuser an. Vereinzelt findet man auch, insbesondere wenn es um wertvollere Kunstgegenstände geht, spezialisierte Sachverständige, die hier entsprechende Gutachten fertigen. Die Bewertung von Schmuckgegenständen kann in der Regel durch einen Juwelier erfolgen. Hier sollte aber insbesondere darauf geachtet werden, dass dieser nicht einen Liebhaberwert festsetzt, sondern einen tatsächlichen Wert findet, zu dem der Schmuck auch veräußert werden kann.

Hinweis

Berücksichtigt werden sollte, insbesondere bei Schmuck und Kunstgegenständen, dass für die Berechnung des Pflichtteilsanspruchs nur der Wert einfließt, der sich nach Abzug aller Kosten, beispielsweise auch der Courtagen, für den Verkauf solcher Gegenstände durch den Händler oder das Auktionshaus ergibt. Nicht maßgebend ist auch für Kunstgegenstände in der Regel der Versicherungswert, da dieser durch den Versicherten selbst festgesetzt und seitens der Versicherung nur im Schadensfall überprüft wird. Ein solcher Wert kann daher für die Berechnung des Pflichtteilsanspruchs nicht zugrunde gelegt werden.

Weiter gilt es zu berücksichtigen, dass beispielsweise bei größeren Kunstsammlungen sog. Paketabschläge zu machen sind, wenn die Veräußerung solcher Sammlungen sich über einen längeren Zeitraum hinweg streckt. Solche Kunstsammlungen lassen sich in der Regel nicht an einem Tag verkaufen, sondern müssen über einen langen Zeitraum hinweg angeboten werden. Der Abschlag, der unter Umständen bis zu 50 bis 70% der Einzelwerte der Objekte betragen kann, muss umso größer sein, je umfangreicher eine entsprechende Kunstsammlung ist.

Für Goldmünzen und Gedenkmünzen besteht in der Regel ein Sammlerwert, der bei der Pflichtteilsberechnung anzusetzen ist. Zu beachten gilt es, dass die Werte, die in Sammlerkatalogen ausgewiesen sind, oftmals zu hoch sind und über den tatsächlich zu erzielenden Werten liegen. Maßgeblich sind daher eher die Preise, die in den entsprechenden Läden oder aber auch auf Versteigerungsaktionen zu erzielen sind.

Ähnliches gilt auch für Briefmarken. Da es hier einen eigenen Markt gibt, haben sich die Werte hieran zu orientieren. Nicht entscheidend sind allerdings die Werte aus Sammlerkatalogen, wie z.B. dem Michel-Katalog, da diese Werte zu hoch angesetzt sind und in der Regel auf dem Sammlermarkt nicht erzielt werden können. Maßgebend sind daher auch hier die Werte, die bei Versteigerungserlösen oder in entsprechenden Briefmarkenläden erzielt und angeboten werden.

Hinweis

Hatte der Erblasser ein größeres Aktiendepot und hatte dieses zum Zeitpunkt des Todes einen Wert von 800.000 Euro, zwei Tage später aber aufgrund eines Kurssturzes nur noch einen Wert von 500.000 Euro, so ist für die Berechnung des Pflichtteilsanspruchs dennoch der Zeitpunkt des Erbfalls, also der Wert des Depots mit 800.000 Euro anzusetzen. Eine Korrektur wird hier seitens der Rechtsprechung abgelehnt. Für den Erben stellt sich so das Problem, dass er tatsächlich nur 500.000 Euro erhält, einen Pflichtteil aber aus einem Betrag von 800.000 Euro begleichen muss.

---

3. Die Bewertung von Immobilien

Da der Pflichtteilsberechtigte eine Bewertung und Ermittlung der Verkehrswerte der Nachlassgegenstände in der Regel selbst nicht vornehmen kann, steht ihm nach dem Gesetz ein Anspruch gegenüber dem Erben auf Wertermittlung und somit auf Erstellung eines Sachverständigengutachtens zu (vgl. hierzu unten).

Bei der Erstellung eines Sachverständigengutachtens sollte darauf geachtet werden, dass der Sachverständige eine entsprechende Qualifikation nachweisen kann, dass er beispielsweise als öffentlich vereidigter Sachverständiger bereits tätig ist oder über eine sonstige berufliche Qualifikation verfügt. Auch wenn der Pflichtteilsberechtigte grundsätzlich keinen Anspruch auf einen öffentlich vereidigten und auch keinen Anspruch auf einen bestimmten Sachverständigen hat, hilft hier eine sorgfältige Auswahl, um unnötige Streitereien vor Gericht zu vermeiden.

Für die Bewertung von Immobilien an sich sind die sog. Wertermittlungsverordnung (WertV) und die dazu ergänzenden Wertergänzungsrichtlinien maßgebend. Die WertV unterscheidet dabei zunächst die Art des Grundstücks und der Immobilie. Als methodische Verfahren kommen dann das Vergleichswertverfahren, das Ertragswertverfahren und das Sachwertverfahren in Betracht. Allen Belastungen oder eine Veräußerung mindernden Umständen ist durch entsprechende Berücksichtigung von Wertabschlägen Rechnung zu tragen. Von dem so ermittelten Wert sind dann letztlich auch diejenigen Kosten abzuziehen, die bei einer Veräußerung der Immobilie entfallen würden.

Danach gilt für die Bewertung von unbebauten Grundstücken beispielsweise die Vergleichswertmethode. Dabei kann entweder nach den vorliegenden Bodenrichtwerten oder durch Vergleich von konkreten Verkaufsfällen die Bewertung des Grundstücks vorgenommen werden. Insoweit wird auch bei den meisten Gemeinden die sog. Kaufpreissammlung geführt. Die Bodenrichtwerte erhält man ebenfalls bei der Gemeinde aus den Bodenrichtwertkarten.

Bei bebauten Grundstücken ist zunächst zu unterscheiden, ob es sich um eine selbstgenutzte Immobilie handelt oder ob das Anwesen fremdvermietet ist. Bei der selbstgenutzten Immobilie wird in der Regel auf das Sachwertverfahren zurückgegriffen. Hier geht es in erster Linie darum, den Preis zu ermitteln, den ein Erwerber für eine entsprechende Immobilie, die er selbst nutzen will, zahlen würde. Die Ertragsmöglichkeit steht hier im Hintergrund. Bei dem Sachwertverfahren werden einerseits der Bodenwert und andererseits der Wert der baulichen Anlagen ermittelt und andererseits zu einem Gesamtsachwert des Grundstücks zusammengefasst. Diese sog. normalen Herstellungskosten werden im Kubikmeter-Verfahren ermittelt und als Preis die m³ umbauten Raumes angegeben. Berücksichtigung finden dabei auch die Herstellungskosten für Außenanlagen und die sog. Baunebenkosten. Je nach Zeitpunkt der Herstellung ist danach ein entsprechender Altersabschlag für das bislang genutzte Objekt vorzunehmen.

> ### Hinweis
>
> Den deutlichen Wertabschlag hat man dann vorzunehmen, wenn beispielsweise nur ein Miteigentumsanteil an einer Immobilie im Nachlass vorhanden ist. Dies gilt insbesondere auch dann, wenn die Immobilie von einem Miteigentümer selbst genutzt wird. In solchen Fällen wird sich der Erbe schwer tun, einen Käufer für den ihm zustehenden Miteigentumsanteil zu finden. Es ist hier daher ein deutlicher Wertabschlag vorzunehmen.

Handelt es sich um ein fremdvermietetes Objekt, so wird die Bewertung in der Regel anhand des Ertragswertverfahrens durchgeführt. Maßgebend ist bei solchen Renditeobjekten nämlich immer die Frage, welche Überschüsse der zukünftige Erwerber mit der Immobilie erzielen kann. Danach ist ein Grundstück nur so viel wert, wie durch seine Nutzung und den daraus resultierenden Gewinn erwirtschaftet werden kann. Maßgebend ist für die Ertragswertermittlung der erzielbare Jahresrohertrag des Grundstücks. Von diesem sind die Bewirtschaftungskosten in Abzug zu bringen. Zu berücksichtigen sind hierbei auch die umlegbaren Nebenkosten, die Bestandteil der Miete sind. Nicht hingegen die Umlagen, die zur Deckung der Betriebskosten gehören. Aus dem so ermittelten Jahresrohertrag wird durch Abzug der Bewirtschaftungskosten der Jahresreinertrag ermittelt und unter Anwendung eines Kapitalisierungsfaktors, der sich aus der Anlage zur Wertermittlungsverordnung ergibt, der Ertragswert festgelegt. Der Kapitalisierungsfaktor berücksichtigt dabei die Restnutzungsdauer der baulichen Anlage und den sog. Liegenschaftszinssatz. Der durch den Kapitalisierungsfaktor gewonnene Ertragswert ist dann mit dem Bodenwert des Gebäudes zu addieren, um den für die Berechnung des Pflichtteilsanspruchs maßgeblichen Wert zu erhalten.

IX. Welche Vorempfänge muss ich mir auf den Pflichtteilsanspruch anrechnen lassen?

1. Zuwendungen zu Lebzeiten des Erblassers

Hat der Pflichtteilsberechtigte bereits zu Lebzeiten seitens des Erblassers Zuwendungen erhalten, so wird sich immer die Frage stellen, ob diese Zuwendungen bei der Berechnung des Pflichtteilsanspruchs Berücksichtigung finden. Dabei gilt es zu beachten, dass das Gesetz lediglich in zwei Fällen eine solche Berücksichtigung vorsieht, nämlich zum einen, wenn der Erblasser im Zeitpunkt der Zuwendung ausdrücklich bestimmt hat, dass sich der Pflichtteilsberechtigte den Wert der Zuwendung auf seinen Pflichtteilsanspruch anrechnen lassen muss oder wenn es sich um einen unter Abkömmlingen ausgleichungspflichtigen Vorempfang handelt, wobei hier zu berücksichtigen ist, dass eine Ausgleichungspflicht sowohl durch Anordnungen des Erblassers als auch durch Gesetz bestehen kann.

2. Die Anrechnung nach § 2315 BGB auf den Pflichtteil

Hat der Erblasser dem Pflichtteilsberechtigten einen Geldbetrag oder eine Immobilie zugewendet oder eine sonstige Zuwendung gemacht und dabei bestimmt, dass der Pflichtteilsberechtigte sich den Wert dieser Zuwendung auf seinen späteren Pflichtteilsanspruch anrechnen lassen muss, dann ist dies im Rahmen der Berechnung des Pflichtteilsanspruchs zum Zeitpunkt des Erbfalls zu berücksichtigen. Dies gilt unabhängig davon, ob seit der Zuwendung zehn Jahre vergangen sind oder nicht, da es sich um eine Anrechnungsbestimmung des Erblassers handelt und diese in jedem Fall, sofern sie getroffen wurde, immer zu berücksichtigen ist. Keine Berücksichtigung findet hingegen eine Anrechnungsbestimmung, die erst nach der Zuwendung erfolgte oder die der Erblasser gar erst im Testament bestimmt hat. Eine solche Bestimmung ist für die Pflichtteilsberechnung grundsätzlich unbedeutend.

BEISPIEL: Der verwitwete Erblasser B schenkt seinem Sohn S 100.000 Euro mit der Bestimmung, dass er sich diesen Betrag auf seinen Pflichtteilsanspruch anrechnen lassen muss. Der Erblasser hinterlässt ein Vermögen von 700.000 Euro und setzt seine Tochter T zur Alleinerbin ein. Der Pflichtteilsanspruch von S berechnet sich nunmehr wie folgt:
700.000 Euro Nachlass + 100.000 Euro Vorempfang = 800.000 Euro
Die Pflichtteilsquote von S beträgt $\frac{1}{4}$, sodass sein Pflichtteilsanspruch 200.000 Euro beträgt, hiervon muss er sich die Vorschenkung in Höhe von 100.000 Euro anrechnen lassen, sodass ihm ein Pflichtteilsanspruch von 100.000 Euro verbleibt.
Ohne Anrechnung des Vorempfangs wäre dem Sohn S ein Pflichtteil von 175.000 Euro (700.000 Euro / 4) verblieben.

Hinweis

Es ist daher wichtig, dass bei jeder Übertragung von Vermögensgegenständen auf Abkömmlinge oder gegebenenfalls auch auf den Ehepartner eine entsprechende Anrechnungsbestimmung zum Zeitpunkt der Zuwendung getroffen wird. Im Falle, dass Immobilien übertragen werden, muss die Anrechnungsbestimmung in einer notariellen Urkunde erklärt werden. Für den Fall, dass der Erblasser eine Geldschenkung vornimmt, sollte in jedem Fall schriftlich festgelegt werden, dass eine Anrechnungsbestimmung auf den Pflichtteil erfolgte und dass der Pflichtteilsberechtigte diese auch entgegengenommen und akzeptiert hat.

Trifft der Erblasser eine solche Anrechnungsbestimmung, sollte man mit dem Zuwendungsempfänger auch gleichzeitig vereinbaren, wie bzw. mit welchem Wert er sich den Vorempfang später anrechnen lassen muss, damit es hier nicht zu unnötigen und kostenintensiven Streitereien über die Bewertung kommt. Es sollte dann auch geklärt werden, ob der Wert, der grundsätzlich auf den Zeitpunkt der Zuwendung zu bewerten ist, einen Wertverfall bis zum Eintritt des Erbfalls anzupassen ist (Indexierung).

Formulierungsbeispiel:

> Ich, Fritz Berger, schenke hiermit meinem Sohn Julius Berger einen Betrag von 100.000 Euro mit der Maßgabe, dass er sich diesen Betrag auf seinen Pflichtteilsanspruch nach § 2315 BGB anrechnen lassen muss. Bei der Anrechnung ist ein bis zum Erbfall eintretender Wertverfall zu berücksichtigen, also eine Indexierung anhand des Verbraucherpreisindex vorzunehmen. Mein Sohn Julius Berger hat sich hiermit einverstanden erklärt und dies durch seine Unterschrift bestätigt. Den Betrag von 100.000 Euro habe ich auf das Konto meines Sohnes angewiesen. Ein entsprechender Beleg sowie eine Empfangsquittung meines Sohnes sind in der Anlage beigefügt.
>
> Ich, Julius Berger, erkläre hiermit, dass ich den Betrag von 100.000 Euro von meinem Vater erhalten habe, mit der Maßgabe, dass ich mir diesen Betrag auf meinen Pflichtteilsanspruch anrechnen lasse.
>
> Ort, Datum, Unterschrift   Ort, Datum, Unterschrift
>
> (Fritz Berger)   (Julius Berger)

3. Die Berücksichtigung von Schenkungen im Rahmen des Pflichtteilsergänzungsanspruchs

Der Pflichtteilsanspruch berechnet sich grundsätzlich aus der Pflichtteilsquote und dem zum Zeitpunkt des Erbfalls vorhandenen Nachlasswert. Für die Bewertung ist, wie ausgeführt, der Stichtag des Todes maßgebend. Würde nunmehr der Erblasser sein gesamtes Vermögen oder Großteile seines Vermögens vor dem Eintritt des Erbfalls verschenken, so bestünde das Problem, dass damit der Pflichtteilsanspruch problemlos umgangen werden könnte, denn es wäre kein Nachlass mehr vorhanden, aus dem der Pflichtteilsanspruch zu berechnen wäre. Deshalb gilt es im Rahmen des Pflichtteilsrechts zu berücksichtigen, dass für die Pflichtteilsberechnung auch diejenigen Zuwendungen (Schenkungen) zu berücksichtigen sind, die der Erblasser zu seinen Lebzeiten, also vor dem Eintritt des Erbfalls, verschenkt hat. Diese Schenkungen werden (fiktiv) zu dem Nachlass hinzugerechnet. Es wird also so getan, als wäre die Schenkung nicht erfolgt.

a) Die Zehn-Jahres-Frist

Da jedoch nicht rückwirkend alle Schenkungen dem Nachlass hinzuzurechnen sind, dies würde zu einer unzähligen Erhöhung des Nachlasswertes führen, sieht das Gesetz eine sog. Zehn-Jahres-Frist vor. Danach sind nur diejenigen Schenkungen bei der Berechnung des Pflichtteils zu berücksichtigen, die innerhalb einer Frist von zehn Jahren vor Eintritt des Erbfalls gemacht wurden. Lediglich für den Fall, dass es sich um Zuwendungen handelt, die der Erblasser seinem Ehepartner gemacht hat, gilt die gesetzliche Ausnahme, dass die Zehn-Jahres-Frist keine Anwendung findet. D.h., die Schenkungen, die Eheleute untereinander tätigen, fallen immer in die Berechnung des Pflichtteils hinein. Voraussetzung ist allerdings, dass die Schenkung während der Ehezeit, d.h. also nach Eheschließung erfolgte und nicht zu einem Zeitpunkt, zu dem die Eheleute noch nicht verheiratet waren.

Seit Inkrafttreten des Gesetzes zur Änderung des Erb- und Verjährungsrechtes wird eine Schenkung, die der Erblasser zugunsten einer anderen Person als seinem Ehegatten getätigt hat, nur im ersten Jahr nach der Zuwendung in voller Höhe in die Pflichtteilsberechnung eingestellt und schmilzt danach pro Jahr um 10% ab, § 2325 Abs. 3 BGB.

BEISPIEL: Der Erblasser E setzt seine Lebensgefährtin zur Alleinerbin ein. Zum Zeitpunkt seines Todes hat der Nachlass einen Wert von 600.000 Euro. Fast drei Jahre vor seinem Ableben hat er seiner Lebensgefährtin L ein Grundstück im Wert von 200.000 Euro unentgeltlich übertragen. Der Pflichtteils- und Pflichtteilsergänzungsanspruch seiner beiden Abkömmlinge K1 und K2 berechnet sich nunmehr wie folgt:

tatsächlicher Nachlass	600.000 Euro
zzgl. Schenkung	200.000 Euro
abzgl. 20% Abschmelzung	40.000 Euro
ergibt	760.000 Euro
hieraus $\frac{1}{4}$ Pflichtteil =	190.000 Euro

Der Pflichtteilsanspruch von K1 und K2 beträgt demnach jeweils 190.000 Euro.

Vor der gesetzlichen Neuregelung hätte sich der Pflichtteilsanspruch von K1 und K2 auf 200.000 Euro belaufen (600.000 Euro + 200.000 Euro gleich 800.000 Euro, hiervon $\frac{1}{4}$ Pflichtteil ergeben 200.000 Euro).

b) Die „gemischte" Schenkung gegen Nießbrauchsvorbehalt

Wichtig ist im Rahmen der Berechnung des sog. Pflichtteilsergänzungsanspruchs, dass nur unentgeltliche Zuwendungen, d.h. Schenkungen, zu einer Hinzurechnung und somit zu einer Berücksichtigung beim Pflichtteilsanspruch führen. Hat der Erblasser ein Grundstück durch Kaufvertrag veräußert, so ist dies keine Schenkung, sofern ein realistischer Kaufpreis, der ungefähr dem Verkehrswert entspricht, hierfür gezahlt wurde. Hat der Erblasser ein teilentgeltliches Rechtsgeschäft vorgenommen, indem er beispielsweise ein Grundstück gegen Vereinbarung einer Leibrente oder eines Nießbrauchsvorbehaltes übertragen hat, dann ist für die Pflichtteilsberechnung nur der unentgeltliche Teil der Zuwendung, d.h. der Teil nach Abzug der Gegenleistung, anzusetzen.

Schwierigkeiten bestehen hier bei der wertmäßigen Festlegung der Gegenleistung, die kapitalisiert werden muss, um den unentgeltlichen Teil der Zuwendung ermitteln zu können.

Der Nießbrauch wird nur dann berücksichtigt, wenn nach dem Niederstwertprinzip der Wert des Grundstücks im Zeitpunkt der Schenkung maßgeblich ist.

BEISPIEL: Der Erblasser E hinterlässt einen Nachlass mit einem Wert von 600.000 Euro. Er schenkt seiner Lebensgefährtin L kurz vor dem Erbfall ein Grundstück mit einem Wert von 400.000 Euro. Die Jahres-Nettomiete kalt beträgt 18.000 Euro. Seine Kinder K1 und K2 werden enterbt. Die Lebensgefährtin L wird zur Alleinerbin bestimmt. Im Rahmen der Zuwendung des Grundstücks an die Lebensgefährtin L hat sich der Erblasser ein lebenslanges Nießbrauchsrecht an dem Grundstück vorbehalten. Will man nunmehr den Wert der Schenkung ermitteln, so muss man von dem Wert des Grundstücks in Höhe von 400.000 Euro den Wert des Nießbrauchsrechts in Abzug bringen. Dabei ist der Wert des Nießbrauchsrechts wie folgt zu ermitteln:
Man nimmt den Jahresnettoertrag für das übertragene Grundstück, was bei einem vermieteten Grundstück die Jahres-Nettomiete kalt darstellt, oder bei einem selbstgenutzten Grundstück die möglicherweise zu erzielende Jahres-Nettokaltmiete und multipliziert diesen Betrag mit der abgezinsten Lebenserwartung des Erblassers. Der Kapitalisierungsfaktor kann dabei der unten abgedruckten Tabelle Anlage 9 zu § 14 BewG

entnommen werden. Dort hat beispielsweise ein 60-jähriger Mann eine abgezinste Lebenserwartung von 10,448. Mit diesem Faktor ist der Jahresnettoertrag der übertragenen Immobilie zu multiplizieren, sodass man in dem genannten Beispiel auf einen Wert von 188.064 Euro kommt (18.000 × 10,448). Zieht man diesen Betrag von dem Wert des Hausanwesens ab, so verbleibt ein Restwert der Schenkung in Höhe von 211.936 Euro, zzgl. des tatsächlichen Nachlasses von 600.000 Euro, verbleibt ein für die Pflichtteilsberechnung maßgebender Nachlasswert von 811.936 Euro und ein Pflichtteils- bzw. Pflichtteilsergänzungsanspruch der Kinder K1 und K2 von jeweils 202.984 Euro.

> ## Hinweis
>
> Für die Bestimmung der Frist, ob die Zuwendung innerhalb oder außerhalb der zehn Jahre liegt, ist maßgeblich der Eigentumswechsel. Bei einer Grundstücksübertragung ist dies nicht der Zeitpunkt des notariellen Kaufvertrages, sondern die Eintragung des neuen Eigentümers im Grundbuch. Es ist daher in diesen Fällen immer Einsicht in das Grundbuch zu nehmen, um in Erfahrung zu bringen, ob der Eigentumswechsel im Grundbuch innerhalb oder außerhalb der Zehn-Jahres-Frist erfolgte.

Bei der Berücksichtigung eines entgeltlichen bzw. unentgeltlichen Rechtsgeschäftes sind jedoch nicht nur ein Nießbrauchsrecht oder eine Rentenverpflichtung zu berücksichtigen, sondern auch alle sonstigen Gegenleistungen bzw. Auflagen, die der Beschenkte gegenüber dem Erblasser übernimmt.

c) Berücksichtigung von Eigengeschenken

Prüfen sollte der Pflichtteilsberechtigte, bevor er einen Pflichtteilsergänzungsanspruch geltend macht, ob er selbst Eigengeschenke erhalten hat, da er grundsätzlich verpflichtet ist, die Eigengeschenke auf den Pflichtteilsergänzungsanspruch anrechnen zu lassen. Dabei gilt es zu berücksichtigen, dass die Eigengeschenke auf den Pflichtteilsergänzungsanspruch immer Anrechnung finden, d.h., auch dann, wenn sie außerhalb der Frist von zehn Jahren erfolgten. Der Erbe sollte daher auch hier einen Auskunftsanspruch gegenüber dem Pflichtteilsberechtigten geltend machen, um zu erfahren, ob dieser solche anrechnungspflichtigen Eigengeschenke erhalten hat.

BEISPIEL: Der Erblasser E schenkt seiner Lebensgefährtin L einen Betrag von 500.000 Euro. Der Nachlass, den er im Zeitpunkt seines Erbfalls hinterlässt, beläuft sich auf 100.000 Euro. Seinem Sohn S hat der Erblasser 20 Jahre vor dem Erbfall einen Betrag, der einem Wert von 200.000 Euro entspricht, geschenkt. Neben dem Sohn S hinterlässt er noch die Tochter T. Zur Alleinerbin bestimmt er seine Lebensgefährtin L.

Der Pflichtteilsanspruch des Sohns S berechnet sich nunmehr wie folgt:

tatsächlicher Nachlass	100.000 Euro
Schenkung an L	500.000 Euro
zzgl. Eigengeschenk an S	200.000 Euro
ergibt einen Nachlasswert von	800.000 Euro
hieraus $\frac{1}{4}$ Pflichtteil =	200.000 Euro
abzgl. der Schenkung an S	200.000 Euro
verbleibt ein Pflichtteilsanspruch von	0 Euro

Der Pflichtteilsanspruch der Tochter T:

tatsächlicher Nachlass	100.000 Euro
Schenkung an L	500.000 Euro
ergibt einen Nachlasswert von	600.000 Euro
hieraus $\frac{1}{4}$ Pflichtteil =	150.000 Euro

Bei der Berechnung des Pflichtteils von T bleibt das Eigengeschenk an S unberücksichtigt, da es außerhalb der Frist von zehn Jahren erfolgte. Wäre die Schenkung innerhalb von zehn Jahren vor dem Tod des Erblassers erfolgt, wäre das Abschmelzungsmodell nach § 2325 Abs. 3 BGB zu beachten, d.h. nur im ersten Jahr würde die Schenkung voll berücksichtigt werden, in den darauffolgenden Jahren würde sich der Schenkungswert jährlich um 10% reduzieren. Bei der Berechnung des Pflichtteilsanspruchs von S greift die 10-Jahres-Frist nicht, da es sich um ein Eigengeschenk des Erblassers handelt, § 2327 BGB.

4. Pflichtteilsergänzung trotz Erbteil

Im Gegensatz zum ordentlichen Pflichtteilsanspruch, der sich aus dem zum Zeitpunkt des Erbfalls tatsächlich vorhandenen Nachlass berechnet, kann ein Pflichtteilsergänzungsanspruch auch einem Miterben oder als Alleinerben Bedachten zustehen. Für die Geltendmachung eines Pflichtteilsergänzungsanspruchs ist es daher nicht erforderlich, dass der Pflichtteilsberechtigte enterbt wurde. Auch der pflichtteilsberechtigte Miterbe oder Alleinerbe kann unter den Voraussetzungen des § 2326 BGB einen Ergänzungsanspruch geltend machen, beispielsweise wenn er einen Nachlass erbt, der geringer ist als eine Schenkung, die vor dem Erbfall seitens des Erblassers getätigt wurde. Andernfalls könnte der Erblasser einen Pflichtteilsberechtigten zum Erben mit einem ganz geringen Nachlasswert einsetzen und kurz vor dem Erbfall sein gesamtes Vermögen verschenken. Bei der Berechnung des Pflichtteilsergänzungsanspruchs eines Erben ist allerdings zu berücksichtigen, dass sich der Erbe dasjenige auf den Pflichtteilsergänzungsanspruch anrechnen lassen muss, was er als Erbe unter Abzug seines ordentlichen Pflichtteilsanspruchs erhalten hat.

> **BEISPIEL:** Der Erblasser E hinterlässt einen Nachlass mit einem Wert von 180.000 Euro. Er ist verwitwet und hat einen Sohn S. In seinem Testament setzt er seinen Sohn S zu $2/3$ und seine Freundin F zu $1/3$ als Erben ein. Kurz vor dem Erbfall hat er einem Dritten D einen Betrag von 300.000 Euro geschenkt.
> Der ordentliche Pflichtteilsanspruch von S, der zu $2/3$ Erbe geworden ist, der aber nach gesetzlicher Erbfolge Alleinerbe gewesen wäre, beläuft sich daher auf die Hälfte des tatsächlichen Nachlasses, was einem Betrag von 90.000 Euro entspricht. Sein Pflichtteilsergänzungsanspruch beträgt ebenfalls die Hälfte aus der an D getätigten Schenkung, somit 150.000 Euro. Als Erbteil hat der Sohn S $2/3$ aus dem Nachlasswert von 180.000 Euro erhalten, was einem Betrag von 120.000 Euro entspricht. Damit hat er einen Betrag von 30.000 Euro erhalten, der über seinem ordentlichen Pflichtteilsanspruch von 90.000 Euro liegt. Diesen übersteigenden Betrag von 30.000 Euro muss sich der Sohn S daher von seinem Pflichtteilsergänzungsanspruch nach § 2326 BGB abziehen lassen, sodass ihm ein Pflichtteilsergänzungsanspruch von 120.000 Euro verbleibt.

5. Die Einrede nach § 2328 BGB

Ist der Erbe selbst pflichtteilsergänzungsberechtigt, d.h., es steht ihm selbst ein Anspruch nach §§ 2325, 2326 BGB zu, dann steht er vor dem Problem, dass er möglicherweise Pflichtteilsergänzungsansprüche anderer Pflichtteilsberechtigter erfüllen müsste. In diesen Fällen steht ihm ein sog. Leistungsverweigerungsrecht nach § 2328 BGB zu, was es ihm ermöglicht, dass er als Erbe oder Miterbe die Erfüllung anderer Pflichtteilsansprüche insoweit verweigern kann, dass ihm aus dem Nachlass sein ordentlicher Pflichtteil und sein Pflichtteilsergänzungsanspruch verbleibt. Dies hat zur Folge, dass der pflichtteilsergänzungsberechtigte Miterbe seinen Gesamtpflichtteilsanspruch vorweg aus dem Nachlass erhält und nicht darauf angewiesen ist, diesen Pflichtteilsergänzungsanspruch gegebenenfalls, wenn der Nachlass nicht ausreichend ist, gegen den Beschenkten geltend machen zu müssen. Das Leistungsverweigerungsrecht nach § 2328 BGB ist daher für den Pflichtteilsberechtigten von erheblicher Bedeutung.

BEISPIEL: Der Erblasser E hinterlässt einen Nachlass von 400.000 Euro. Er ist verwitwet und setzt seinen Sohn S zu seinem Alleinerben ein. Seine Tochter T enterbt er. Kurz vor dem Erbfall hat er seiner Freundin F einen Betrag von 800.000 Euro geschenkt.
Der ordentliche Pflichtteilsanspruch von S und T beläuft sich auf je ¼ aus 400.000 Euro, was einem Betrag von 100.000 Euro entspricht. Der Pflichtteilsergänzungsanspruch von S und T beläuft sich auf jeweils 200.000 Euro (¼ aus 800.000 Euro), sodass S und T einen Gesamtpflichtteilsanspruch von jeweils 300.000 Euro haben. Der S, der Alleinerbe ist, kann aus dem Nachlasswert von 400.000 Euro nunmehr seinen Gesamtpflichtteilsanspruch bis zur Höhe von 300.000 Euro verteidigen und muss insoweit aus dem Nachlass nichts herausgeben, wenn er gegenüber dem Gesamtpflichtteilsanspruch seiner Schwester T die Einrede nach § 2328 BGB erhebt. Er hat dann lediglich in Höhe von 100.000 Euro den Gesamtpflichtteilsanspruch seiner Schwester T zu erfüllen und die restlichen 200.000 Euro muss T gegenüber der Beschenkten Freundin F geltend machen. Der Vorteil liegt für den Sohn S somit klar auf der Hand, er ist nicht dem Risiko ausgesetzt, so wie seine Schwester T, dass die Beschenkte F die Schenkung bereits verbraucht hat und den Einwand der Entreicherung geltend macht.

Hinweis

Hat der pflichtteilsberechtigte Erbe vergessen, sein Leistungsverweigerungsrecht geltend zu machen und hat er den Gesamtpflichtteilsanspruch eines weiteren Pflichtteilsberechtigten erfüllt, dann kann er vom Beschenkten, der an sich hierfür zuständig gewesen wäre, nach den Regeln über die Geschäftsführung ohne Auftrag Regress nehmen, da dieser an sich zur Erfüllung des Pflichtteilsergänzungsanspruchs verpflichtet gewesen wäre. In diesem Fall trägt allerdings dann der pflichtteilsergänzungsberechtigte Erbe, der es unterlassen hat sein Leistungsverweigerungsrecht geltend zu machen, das Risiko, dass der Beschenkte entreichert ist.

6. Gegenüber wem mache ich den Pflichtteilsergänzungsanspruch geltend?

a) Erbe oder Beschenkter?

Der Pflichtteilsanspruch und der Pflichtteilsergänzungsanspruch, der sich nach der Höhe der Schenkungen richtet, sind grundsätzlich gegenüber dem Erben geltend zu machen. Dies gilt auch dann, wenn die Schenkung nicht zugunsten des Erben erfolgte, also Erbe und Beschenkter nicht identisch sind. Auch in diesen Fällen hat der Erbe zunächst für den gesamten Pflichtteilsanspruch einzustehen. Nur dann, wenn der Nachlass in diesen Fällen nicht ausreichend ist, um den Pflichtteilsanspruch zu erfüllen, weil dem Erben selbst sonst sein Pflichtteilsanspruch verloren gehen würde oder der Nachlass im Übrigen über kein ausreichendes Vermögen verfügt, kann sich der Pflichtteilsberechtigte auch an den Beschenkten selbst halten.

b) Testamentsvollstrecker

Auch dann, wenn der Erbe für seinen Nachlass Testamentsvollstreckung angeordnet hat, kann der Pflichtteilsanspruch immer nur gegenüber dem Erben geltend gemacht werden. Besteht zwischen Erben und Pflichtteilsberechtigten Einigkeit über den Pflichtteilsanspruch, dann ist der Testamentsvollstrecker verpflichtet, den Pflichtteilsanspruch als Nachlassverbindlichkeit zu erfüllen. Umgekehrt hat der Testamentsvollstrecker aber nicht die Möglichkeit, den Pflichtteilsanspruch mit Wirkung für den Erben anzuerkennen. Der Pflichtteilsberechtigte sollte für den Fall, dass er den Pflichtteilsanspruch gegenüber dem Erben gerichtlich geltend macht und nachher in den Nachlass, der einer Verwaltung eines Testamentsvollstreckers unterliegt, vollstrecken will, darauf achten, dass er gegen den Testamentsvollstrecker einen Duldungstitel (Duldung der Zwangsvollstreckung in den Nachlass) erwirkt. Dies kann grundsätzlich zusammen mit der Klage auf Zahlung des Pflichtteils gegenüber dem Erben geschehen.

7. Kann ich auf den Pflichtteilsanspruch Zinsen verlangen?

Wenn das vollständige Nachlassverzeichnis vorliegt, dann kann der Pflichtteilsberechtigte anhand seiner Quote und dem vorliegenden Netto-Nachlass (ermittelt aus Aktiva abzgl. Passiva) die Höhe seines Pflichtteilsanspruchs bestimmen. Es stellt sich für ihn dann die Frage, ob er, wenn sich das gesamte Verfahren länger hingezogen hat, auch Zinsen auf den Pflichtteilsanspruch verlangen kann. Voraussetzung dafür ist, dass sich der Erbe in Verzug befand. Ist das der Fall, dann können die entgangenen Zinsen als Verzugsschaden geltend gemacht werden. Verzug setzt insoweit voraus, dass der Erbe nach Eintritt der Fälligkeit auf die Mahnung des Pflichtteilsberechtigten nicht leistet. Auch wenn die Mahnung grundsätzlich mit der die Fälligkeit begründenden Handlung verbunden werden kann, sollte der Pflichtteilsberechtigte in jedem Fall, nachdem er das Auszahlungsbegehren bezüglich des Pflichtteilsanspruchs gestellt hat, nach Ablauf einer gesetzten Frist von beispielsweise zwei Wochen noch einmal die Zahlung des Pflichtteilsanspruchs anmahnen, damit er den Erben in jedem Fall in Verzug setzt.

Da beim Pflichtteilsanspruch mit dem Zugang der Mahnung ein Verzug auch dann eintritt, wenn der Pflichtteilsberechtigte die Höhe noch nicht konkret beziffern kann, bietet es sich in jedem Fall an, auch vor Kenntnis der gesamten Werte des Nachlasses den Pflichtteilsanspruch zu fordern. Gegebenenfalls kann ein bestimmter Betrag, der bereits feststeht, auch gleichzeitig schon konkret geltend gemacht werden.

> **Hinweis**
>
> Der Erbe kommt allerdings dann nicht in Verzug, wenn Umstände eingetreten sind, die er selbst nicht zu verantworten hat. Hat der Erbe daher unverzüglich ein Wertermittlungsgutachten bezüglich einer Immobilie in Auftrag gegeben, kommt der Sachverständige dem aber längere Zeit nicht nach und verzögert die Wertermittlung, so trifft den Erben diesbezüglich grundsätzlich kein Verschulden. Nur wenn er merkt, dass der Sachverständige die Erstellung des Wertermittlungsgutachten unnötig lang hinauszögert, muss er ihn anmahnen, gegebenenfalls den Auftrag kündigen und einen neuen Sachverständigen einschalten.

8. Wann verjährt der Pflichtteilsanspruch?

Wichtig für den Pflichtteilsberechtigten ist, dass er die Verjährungsfrist von drei Jahren beachtet. D.h. aber noch nicht automatisch, dass die Verjährung innerhalb von drei Jahren nach Eintritt des Erbfalls erfolgt. Denn Voraussetzung für den Beginn der Verjährung ist, dass der Pflichtteilsberechtigte Kenntnis vom Eintritt des Erbfalls, Kenntnis von den anspruchsbegründenden Tatsachen und der Person des Schuldners hat. Die Verjährung des Pflichtteilsanspruchs richtet sich bei Erbfällen seit dem 1.1.2010 nach §§ 195, 199 BGB. Für Erbfälle vor dem 1.1.2010 greift § 2332 Abs. 1 BGB a.F. sowie die Übergangsvorschrift Art. 229 § 23 Abs. 2 EGBGB.

> **Hinweis**
>
> Allerdings besteht eine Ausnahme für den Fall, dass sich der Pflichtteilsanspruch gegen den Beschenkten selbst richtet. Hier beginnt die Verjährungsfrist innerhalb von drei Jahren nach Eintritt des Erbfalls, und zwar unabhängig davon, ob der Pflichtteilsberechtigte Kenntnis von der Schenkung erlangt hat oder nicht.

Aufgrund dieser unterschiedlich beginnenden Verjährungen sollte der Pflichtteilsberechtigte keine allzu lange Zeit nach Eintritt des Erbfalls verstreichen lassen. Er sollte lieber versuchen, den Pflichtteilsanspruch zügig durchzusetzen, sofern dem nicht steuerliche Nachteile entgegenstehen.

Hinweis

Besteht das Problem, dass der Zeitpunkt der Verjährung alsbald eintritt, dann ist der Pflichtteilsberechtigte gehalten, unverzüglich verjährungshemmende Maßnahmen einzuleiten. In der Regel erfolgt dies durch Einreichung einer Klage auf Pflichtteilszahlung. Hierbei sollte berücksichtigt werden, dass nicht nur die Auskunfts- und Wertermittlungsansprüche bei Gericht geltend gemacht werden sollten, sondern gleichzeitig auch der Zahlungsanspruch selbst, da nur dieser die Verjährung hemmt.

Ist der Pflichtteilsberechtigte zum Zeitpunkt des Erbfalls noch minderjährig, ist hinsichtlich der Frage der Verjährung zu unterscheiden, gegen wen sich der Pflichtteilsanspruch richtet. Ist der überlebende Ehepartner Erbe geworden und Schuldner des Pflichtteilsanspruchs, dann beginnt die Verjährung nicht vor Vollendung des 18. Lebensjahres zu laufen (§ 207 BGB).

4. Kapitel

Die Erbengemeinschaft

I. Wann entsteht eine Erbengemeinschaft?

Hinterlässt ein Erblasser mehrere Erben, so bilden diese eine Erbengemeinschaft. Erbengemeinschaften sind in der Praxis die Regel, insbesondere dann, wenn der Erblasser weder ein Testament noch einen Erbvertrag errichtet hat. Sie entstehen mit dem Erbfall ohne Zutun und unabhängig vom Willen der Erben kraft Gesetzes, sobald im Erbfall mehrere Erben zur Erbfolge gelangen. Ist nur eine Person zur Erbfolge berufen, entsteht keine Erbengemeinschaft.

> **BEISPIEL:** Der verheiratete Erblasser hinterlässt seine Ehefrau sowie vier Kinder. Er wird nach den gesetzlichen Erbfolgeregeln beerbt. Erben werden neben der Ehefrau die Kinder des Erblassers. Sie bilden eine Erbengemeinschaft.

Erbengemeinschaften bilden sich infolge gesetzlicher oder gewillkürter Erbfolge. Die gewillkürte Erbfolge tritt ein aufgrund von Verfügungen des Erblassers in Testament oder Erbvertrag. Der Erblasser kann durch Verfügung von Todes wegen das Entstehen einer Erbengemeinschaft herbeiführen oder auch verhindern.

> **BEISPIEL:** Der Erblasser hinterlässt drei Kinder. Er setzt in einem Testament seinen Freund F zum Alleinerben ein. Die testamentarische Regelung des Erblassers hat zur Folge, dass die drei Kinder nicht Erben werden. Sie sind für den Erbfall enterbt. Eine Erbengemeinschaft entsteht nicht, da der Erblasser nur von einer Person, nämlich dem Freund F beerbt wird.
>
> **oder:**
>
> Der verwitwete Erblasser bestimmt in einem Testament, dass Erbe nicht nur sein einziger Sohn S, sondern auch seine langjährige Lebensgefährtin L werden soll. Hätte der Erblasser keine Verfügung von Todes wegen errichtet, so wäre nach seinem Tod die gesetzliche Erbfolge eingetreten. Alleinerbe wäre sein Sohn S geworden. Folge des Testamentes des Erblassers ist, dass eine Erbengemeinschaft entsteht. Mitglieder der Erbengemeinschaft sind der Sohn S und die Lebensgefährtin L.

II. Die Organisation der Erbengemeinschaft

Die Miterben verwalten den Nachlass grundsätzlich gemeinschaftlich. Verfügungen über einen einzelnen Nachlassgegenstand können die Miterben gemeinschaftlich vornehmen. Eine Miterbengemeinschaft ist stets nur eine Gemeinschaft auf Zeit, die auf Auseinandersetzung gerichtet ist. Ziel der Auseinandersetzung ist, dass jeder Erbe aus dem Nachlass Vermögenspositionen erhält, die dem Wert seiner Erbquote entsprechen und er danach frei über das ererbte Vermögen verfügen kann.

III. Die Grundzüge der Gesamthandsgemeinschaft und ihre Auswirkungen

1. Allgemeines

Der Gesetzgeber hat die Erbengemeinschaft als Gesamthandsgemeinschaft organisiert. Das bedeutet, dass jedem Miterben der gesamte Nachlass gehört, jedoch beschränkt durch die Mitberechtigung der anderen Miterben. Das gesamte Nachlassvermögen gehört allen Miterben gemeinsam. Die Beteiligung des einzelnen Miterben ist begrenzt durch seine Erbquote.

> **BEISPIEL:** Der Miterbe E ist am Nachlass mit einer Erbquote von $1/3$ beteiligt. Der Nachlass setzt sich wie folgt zusammen:
> - eine Drei-Zimmer-Wohnung,
> - eine Luxuslimousine und
> - ein Wertpapierdepot in der Schweiz.
>
> Das Wertpapierdepot entspricht wertmäßig $1/3$ des Nachlasses. E behauptet, dass ihm das Depot zustünde, da es dem Wert seiner Erbquote gleich kommt. Hat er Recht?
>
> **Lösung:** Nein! E ist am Nachlass nur gesamthänderisch beteiligt. Ihm gehört nicht ein einzelner Nachlassgegenstand, auch wenn dieser wertmäßig seiner Erbquote entspricht. Erst bei der Auseinandersetzung der Erbengemeinschaft kann der Wert seiner Erbquote realisiert werden. Wenn alle Erben zustimmen, könnte dem E bei Teilung des Nachlasses das Wertpapierdepot übertragen werden.

Bis zur Auseinandersetzung der Erbengemeinschaft ist jeder Erbe Eigentümer zweier Vermögensmassen, nämlich seines Privatvermögens und seiner gesamthänderischen Beteiligung am Nachlass des Erblassers. Die Vermögensmassen vermischen sich nicht. Das Nachlassvermögen ist sog. Sondervermögen, auf das die Eigengläubiger des einzelnen Miterben zunächst keinen Zugriff haben.

Die Folge der gesamthänderischen Beteiligung des einzelnen Erben am gesamten Nachlass ist, dass ein Miterbe allein über einen einzelnen Nachlassgegenstand nicht verfügen kann. Er kann lediglich über seinen Anteil am Nachlass als Ganzes verfügen. Der Erbe kann also seinen gesamten Erbteil an einen anderen verkaufen oder auch verschenken, einen einzelnen Gegenstand aus dem Nachlass, wie etwa den Pkw des Erblassers, hingegen nicht.

Verkauft der Miterbe seinen Anteil am Nachlass, so bleibt er auch nach dem Verkauf Erbe. Der Käufer des Erbteiles wird also nicht an Stelle des ursprünglichen Erben neuer Erbe. Dies hat den Nachteil, dass der Erbe, der seinen Erbteil veräußert hat, weiterhin für die Nachlassverbindlichkeiten haftet.

Der Erbteilserwerber erhält durch den Vertrag mit dem Erben dessen Rechte und Pflichten betreffend die Verwaltung und Auseinandersetzung des Nachlasses. Er haftet außerdem für die Nachlassverbindlichkeiten. Diese Haftung kann nicht ausgeschlossen werden. Bevor der Miterbe seinen Erbteil verkauft, muss er die übrigen Erben hierüber informieren. Die Information der Miterben muss sofort erfolgen. Eine mündliche Benachrichtigung der Miterben über den bevorstehenden Verkauf genügt. Der Erbe muss die Miterben nicht selbst informieren. Er kann auch einen Dritten oder den Käufer mit der Informationsübermittlung beauftragen.

2. Warum muss der Verkauf des Erbteiles mitgeteilt werden? Das Vorkaufsrecht der Miterben

Mitgeteilt werden muss der Kaufpreis, zu dem der Erbe den Erbteil zu verkaufen beabsichtigt. Die Mitteilung an die Miterben ist erforderlich, da sie ein Vorkaufsrecht haben, das sie nur gemeinschaftlich ausüben können. Sinn des Vorkaufsrechtes der Miterben ist es zu vermeiden, dass fremde Personen in die Erbengemeinschaft aufgenommen werden. Die Miterben haben nach der Benachrichtigung über den bevorstehenden Verkauf zwei Monate lang Zeit, das Vorkaufsrecht auszuüben. Hierzu müssen sie dem veräußernden Miterben mitteilen, dass sie an Stelle des Käufers den Erbteil erwerben möchten. Die Mitteilung kann mündlich oder schriftlich erfolgen. Der Kaufvertrag kommt zu den Bedingungen zustande, die der Miterbe mit dem Kaufinteressenten vereinbart hat. Wissen die Miterben bereits im Vorfeld, dass sie die Verpflichtungen aus dem Kaufvertrag nicht erfüllen können, etwa weil sie nicht über genügend Mittel zur Begleichung des Kaufpreises verfügen, dürfen sie das Vorkaufsrecht nicht ausüben. Auf das Vorkaufsrecht können die Erben verzichten. Der Verzicht kann bereits vor Abschluss des Kaufvertrages erklärt werden.

IV. Rechte und Pflichten in der Erbengemeinschaft

Die Miterben haben bis zur Auseinandersetzung der Erbengemeinschaft verschiedene Dinge zu regeln. Der Nachlass muss verwaltet, die anfallenden Kosten beglichen werden und auch die Nutzung der Nachlassgegenstände ist zu klären.

1. Die Verwaltung des Nachlasses durch die Erben

Vom Erbfall an bis zur Auseinandersetzung der Erbengemeinschaft muss der Nachlass verwaltet werden. Die Verwaltung muss von den Miterben gemeinschaftlich vorgenommen werden. Hier tauchen die meisten Schwierigkeiten auf. Häufig gehen die Meinungen der einzelnen Miterben gerade in Verwaltungsfragen auseinander. Ein Miterbe möchte beispielsweise eine Entscheidung rasch herbeiführen. Der Andere verhält sich eher passiv und ist auch an einer Auseinandersetzung der Erbengemeinschaft nicht interessiert. Die Befürchtung einzelner Miterben eventuell benachteiligt zu werden, erschwert häufig die Verwaltung.

2. Welche Arten von Verwaltungsmaßnahmen werden unterschieden?

Oft ist es bereits schwierig zu beurteilen, ob eine Handlung eine Verwaltungsmaßnahme ist oder nicht. Diese Frage muss vorrangig geprüft werden. Verwaltungsmaßnahmen sind alle Handlungen, die der Erhaltung, Nutzung und Mehrung des Nachlasses dienen, unabhängig davon, ob diese nur im Innenverhältnis der Miterben untereinander oder auch im Außenverhältnis (z.B. Verträge mit Dritten) Wirkung entfalten.

BEISPIELE:
- Reparaturen an einer Nachlassimmobilie
- Vermietung einer Wohnung des Erblassers
- Begleichen der laufenden Kosten
- Abschluss einer Brandschutzversicherung.

Keine Verwaltungsmaßnahmen sind beispielsweise:
- Bestattung des Erblassers
- Obduktion des Erblassers.

Steht fest, dass eine Verwaltungsmaßnahme vorliegt, muss noch geklärt werden, um welche Art es sich handelt. Die Zugrundelegung höchstrichterlicher Rechtsprechung kann zwar Anhaltspunkte für die Einordnung geben. Dennoch besteht auch beim Vergleich mit bereits gerichtlich entschiedenen Fällen keine absolute Gewissheit. Es ist daher stets eine einzelfallbezogene Prüfung vorzunehmen. Es werden drei Arten von Verwaltungsmaßnahmen unterschieden:

- Maßnahmen der ordnungsgemäßen Verwaltung
- Maßnahmen der außerordentlichen Verwaltung und
- notwendige Verwaltungsmaßnahmen.

a) Was versteht man unter Maßnahmen der ordnungsgemäßen Verwaltung?

Ordnungsgemäße Verwaltungsmaßnahmen dienen der Beschaffenheit eines Nachlassgegenstandes und liegen im Interesse aller Miterben. Sie dürfen den Nachlassgegenstand nicht wesentlich verändern. Eine Handlung im Rahmen der ordnungsgemäßen Verwaltung liegt vor, wenn eine vernünftige und wirtschaftlich denkende neutrale Person in derselben Situation entsprechend handeln würde bzw. gehandelt hätte.

BEISPIEL: Die Miterben A, B und C haben den Erblasser E zu je $\frac{1}{3}$ beerbt. Im Nachlass befindet sich ein leer stehendes Mehrfamilienhaus. A möchte das Haus renovieren lassen, um es anschließend vermieten zu können. B will das Haus abreißen lassen. Der so entstehende Bauplatz könne gewinnbringend veräußert werden. C hält den Abriss für keine gute Idee. Er ist wie A der Meinung, dass das Haus renoviert werden soll. Im Zuge der Renovierung will er eine energiesparende Solaranlage auf dem Dach installieren lassen. Die Kosten hierfür können allerdings nicht aus dem Nachlassvermögen bestritten werden. Welche Maßnahme kann im Rahmen der ordnungsgemäßen Verwaltung des Nachlasses durchgeführt werden?

Lösung: Der Abriss des Hauses stellt keine Maßnahme der ordnungsgemäßen Verwaltung dar. Der Nachlassgegenstand wird hierdurch wesentlich verändert. Die Renovierung des Hauses hingegen ist eine ordnungsgemäße Verwaltungsmaßnahme, da sie der Erhaltung des Nachlassgegenstandes dient und außerdem dazu führt, dass dieser besser genutzt werden kann. Die Installation einer Solaranlage liegt grundsätzlich aus den gleichen Gründen im Rahmen der ordnungsgemäßen Verwaltung. Hier können die anfallenden Kosten jedoch nicht mit Nachlassmitteln beglichen werden mit der Folge, dass auch die Einrichtung der Solaranlage nicht mehr der ordnungsgemäßen Verwaltung unterliegt.

Weitere ordnungsgemäße Verwaltungshandlungen sind z.B.:

- Vermietung/Verpachtung von Nachlassgegenständen
- Begleichung von Nachlassverbindlichkeiten
- Anlage von Geldvermögen bis zur Teilung des Nachlasses
- Mahnung von zahlungsunwilligen Mietern einer Nachlasswohnung
- Einziehung von Mieten.

b) Was sind außerordentliche Verwaltungsmaßnahmen?

Hierunter versteht man Handlungen, die über eine ordnungsgemäße Verwaltung hinausgehen, die beispielsweise einen Nachlassgegenstand wesentlich verändern und erhebliche wirtschaftliche Bedeutung für den Nachlass haben.

BEISPIELE:
- Veräußerung eines Nachlassgegenstandes
- Abriss eines Wohnhauses mit dem Ziel, ein Bürogebäude zu errichten.

c) Wann liegt eine Maßnahme der notwendigen Verwaltung vor?

Notwendig sind nur Maßnahmen der ordnungsgemäßen Verwaltung, die aufgrund ihrer Dringlichkeit, um Schaden vom Nachlass abzuwenden, sofort erledigt werden müssen.

BEISPIEL: Im Nachlass befindet sich ein Einfamilienhaus, das vermietet ist und mit einer Ölofenheizung beheizt wird. Der Miterbe A wohnt vor Ort und ist daher der erste Ansprechpartner des Mieters. Als der Mieter vor Eintritt des Winters Öl bestellt, um die Öltanks zu füllen, stellt er fest, dass einer der Öltanks undicht ist. Öl sickert ins Erdreich. Der unverzüglich informierte A zieht einen Heizungsmonteur hinzu und lässt auf dessen dringendes Anraten die Öltanks erneuern. A verlangt von den Miterben B und C Ersatz seiner Aufwendungen, da er die Reparatur aus eigenen Mitteln vorgestreckt hat. B und C waren im Zeitpunkt der Reparatur im Skiurlaub und nicht erreichbar. Kann A erfolgreich Kostenersatz verlangen?

Lösung: Die Erneuerung der Öltanks war eine notwendige Verwaltungsmaßnahme. Sie musste sofort erledigt werden, um weitere Schäden auch für die Allgemeinheit (Umweltverschmutzung durch auslaufendes Öl) abzuwenden. Die Zustimmung der Miterben B und C konnte nicht eingeholt werden. Sie waren im Urlaub und nicht erreichbar. Zur Vermeidung weiterer Umweltbelastungen und zur Abwendung von Schadensersatzansprüchen gegen die Miterben infolge der Entfernung der Verschmutzungen war rasches Handeln dringend geboten. Von B und C kann A daher Ersatz seiner Aufwendungen verlangen. Seinen Kostenanteil, der sich nach seiner Erbquote bestimmt, erhält er jedoch nicht ersetzt.

Weitere denkbare Maßnahmen notwendiger Verwaltung:

- Wasserrohrbruch im Wohnhaus der Erbengemeinschaft
- Dachreparatur wegen Sturmschadens
- Erneuerung der Gasleitungen wegen akuter Explosionsgefahr.

3. Ist der einzelne Miterbe zur Vornahme von Verwaltungsmaßnahmen berechtigt?

Im Innenverhältnis der Miterben gilt: Nur notwendige Verwaltungs-maßnahmen können von einem Miterben allein vorgenommen werden. Sie müssen auch vorgenommen werden. Unterlässt ein Miterbe nämlich die Vornahme und wird der Nachlassgegenstand dadurch verschlechtert, so können die übrigen Miterben gegen den nicht handelnden Miterben Schadensersatzansprüche geltend machen.

> **BEISPIEL:** Im Nachlass befindet sich ein Wohnhaus in Hamburg. Bei Renovierungsarbeiten wird eine Gasleitung beschädigt. Der Miterbe A, der hiervon vom Mieter M unterrichtet wird, unternimmt nichts. Er will wegen der nicht unerheblichen Kosten zuvor die weitere Vorgehens-weise mit den übrigen Miterben B und C absprechen, die allerdings auf-grund eines Segeltörns in der Karibik nicht in Hamburg weilen. Kurz vor deren Urlaubsrückkehr kommt es zu einer Explosion, die nicht nur das Wohnhaus selbst, sondern auch die anliegenden Gebäude nicht uner-heblich beschädigt. Die Eigentümer der Nachbarhäuser wollen wissen, wer den eingetretenen Schaden ersetzen muss?
>
> **Lösung:** Sie können von der Erbengemeinschaft Schadensersatz verlan-gen. Im Innenverhältnis der Miterben untereinander ist A zum Ausgleich des Schadens verpflichtet. Er hätte tätig werden müssen und wäre hier-zu auch befugt gewesen, da die Erneuerung/Reparatur der defekten Gasleitungen eine Maßnahme der notwendigen Verwaltung darstellt.

Maßnahmen der ordnungsgemäßen Verwaltung bedürfen eines Mehrheitsbeschlusses der Erben. Die Erben sind einander ver-pflichtet, bei Maßnahmen zur ordnungsgemäßen Verwaltung mitzuwirken. Dieser Anspruch auf Mitwirkung kann von den sich verweigernden Erben notfalls auch eingeklagt werden, wenn ein Mehrheitsbeschluss nicht erzielt wird. Es muss keine Mehrheit nach Köpfen vorliegen. Die Stimmen berechnen sich vielmehr nach der Größe der Erbteile.

> **BEISPIEL:** Die Erbquoten der Miterben bestehen wie folgt: A ist Erbe zu
> $1/2$. B ist Erbe zu $1/4$. C, D und E sind Erben zu je $1/12$. C, D und B beschlie-
> ßen die Erneuerung des Gartenzaunes. Benötigen sie die Zustimmung
> der Miterben A und E?
>
> **Lösung:** Es liegt zwar eine Mehrheit nach Köpfen vor, nicht jedoch nach
> Erbteilen, sodass die Zustimmung von A und E erforderlich ist.
>
> Was geschieht, wenn A seine Mitwirkung verweigert?
>
> **Lösung:** Ohne die Zustimmung des A liegt die erforderliche Mehrheit
> nicht vor. A ist verpflichtet Maßnahmen der ordnungsgemäßen Verwal-
> tung zu ermöglichen. Verweigert er dennoch seine Zustimmung, kann
> diese gerichtlich erzwungen werden. Die Miterben müssen A auf Mit-
> wirkung verklagen. Wird die Klage erfolgreich geführt, so ersetzt das
> stattgebende Urteil die verweigerte Zustimmung des A.

Außerordentliche Verwaltungsmaßnahmen müssen die Miterben
einstimmig beschließen. Verweigert nur einer der Miterben seine
Mitwirkung, kann die Maßnahme nicht durchgeführt werden. Die
Erbengemeinschaft ist handlungsunfähig. Ein klagbarer Anspruch
auf Mitwirkung besteht nicht. Um Rechtsgeschäfte mit Dritten eingehen zu können (Außenverhältnis) müssen die Miterben grundsätzlich gemeinschaftlich handeln. Soweit eine Verwaltungsmaßnahme aber nicht gleichzeitig auch eine Verfügung (vgl. hierzu unten) beinhaltet, bestehen keine Unterschiede zu den Erfordernissen
im Innenverhältnis. Die Geschäftsführungsbefugnis im Innenverhältnis entspricht derjenigen im Außenverhältnis.

4. Welche Rechtsfolgen haben die unterschiedlichen Verwaltungsmaßnahmen?

a) Außerordentliche Verwaltungsmaßnahmen

Lag eine Maßnahme der außerordentlichen Verwaltung vor und
handelten die Miterben gemeinschaftlich, so haften sie ihren Ver-
tragspartnern nur mit dem Nachlassvermögen. Das eigene Vermögen der Miterben bleibt unberührt, sofern für den Vertragspartner
das Handeln für den Nachlass ersichtlich war. Handelten die Miterben nicht gemeinschaftlich, ist die vorgenommene Maßnahme

unwirksam. Die Vertragspartner können gegebenenfalls Schadensersatzansprüche gegenüber den Handelnden geltend machen.

BEISPIEL: Die Miterben A und B beauftragen kurzfristig ein Abrissunternehmen mit dem Abriss des im Nachlass befindlichen Wohnhauses, weil sie stattdessen ein Geschäftshaus erbauen möchten. Der Unternehmer sagt alle anderen Aufträge ab. Als er am Grundstück ankommt, trifft er auf den Miterben C, der ihm den Abriss untersagt. Der Unternehmer hat finanzielle Ausfälle in nicht unerheblicher Höhe. Wer kommt für diesen Schaden auf?

Lösung: Die Miterben A und B sind dem Unternehmer zum Schadensersatz verpflichtet. Der Abriss stellt eine außerordentliche Verwaltungsmaßnahme dar. Die Miterben hätten den Abriss gemeinschaftlich beschließen und den Unternehmer beauftragen müssen. Dies ist nicht geschehen, sodass die Beauftragung unwirksam war.

b) Maßnahmen der ordnungsgemäßen Verwaltung

Lag eine Maßnahme der ordnungsgemäßen Verwaltung vor, die von der Quotenmehrheit der Miterben beschlossen wurde, wurden die übrigen Miterben wirksam verpflichtet. Die Miterben haften nur mit dem Nachlassvermögen. Handelte es sich nicht um eine Maßnahme der ordnungsgemäßen Verwaltung, weil die Handlung nicht auf die Erhaltung des Nachlasses gerichtet war, ist die Maßnahme unwirksam. Die Miterben können von demjenigen, der die Maßnahme vorgenommen hat, Schadensersatz verlangen.

BEISPIEL: Die Miterben A und B beschließen mit Mehrheitsbeschluss den Neubau eines Swimmingpools im Garten des Nachlassgrundstückes und fällen hierfür drei alte Eichen. Sie bestreiten die Kosten mit Nachlassmitteln. Miterbe C ist entsetzt. Was kann er tun?

Lösung: Die Errichtung des Pools kann er verhindern, da diese Maßnahme nicht der ordnungsgemäßen Verwaltung unterliegt, sondern das Grundstück wesentlich verändert. Der Bau hätte gemeinschaftlich beschlossen werden müssen. Die Kosten für die Fällung der Bäume kann C als Schadensersatz geltend machen. Der Betrag ist von A und B in den Nachlass zurückzuzahlen. Auch das Fällen der Bäume diente nicht der Nachlasserhaltung.

c) Notverwaltungsmaßnahmen

Lag eine Maßnahme der Notverwaltung vor, hat der Handelnde die übrigen Miterben mitverpflichtet. Die Miterben haften mit dem Nachlass und nicht mit ihrem Privatvermögen, wenn der Handelnde erkennbar für die Erbengemeinschaft tätig wurde. Seine Aufwendungen erhält der Miterbe von den Anderen ersetzt. Lag kein Fall der Notverwaltung vor, so kann der handelnde Miterbe seine Aufwendungen von den anderen Miterben nur dann ersetzt erhalten, wenn die Handlung der ordnungsgemäßen Verwaltung des Nachlasses diente.

BEISPIEL: Als im Winter die Heizung im Nachlasswohnhaus ausfällt, gefrieren die Wasserleitungen. Eines der Rohre platzt. Der Rohrbruch hat zur Folge, dass der Keller des Anwesens voll Wasser läuft. Der Miterbe B (Erbquote ¾) beauftragt ohne weitere Rücksprache mit den übrigen Miterben einen Handwerker mit der Reparatur. Er erteilt ihm außerdem den Auftrag, im Keller des Anwesens eine Sauna einzurichten. B hält den Einbau einer Sauna für sinnvoll. Die Miterben besuchen regelmäßig die öffentliche Sauna. Dies könne man sich nun sparen. B verlangt von den Miterben Kostenersatz für die Behebung des Wasserrohrbruches und den Einbau der Sauna. Zu Recht?

Lösung: Die Kosten, die durch die Behebung des Wasserrohrbruches entstanden sind, müssen die Miterben anteilsmäßig übernehmen. Es lag insoweit eine notwendige Verwaltungsmaßnahme vor. Die Reparatur lag im Interesse der Miterben und war erforderlich, um weiteren Schaden vom Wohnhaus abzuwenden. Der Einbau der Sauna hingegen war weder notwendig, noch diente er der Erhaltung des Nachlassgegenstandes. B hätte vor dem Einbau die Zustimmung der übrigen Miterben einholen müssen.

5. Wer trägt die Kosten/Lasten der Verwaltung?

Die Kosten und Lasten der Verwaltung, der Erhaltung und gemeinschaftlichen Nutzung der Nachlassgegenstände tragen die Miterben entsprechend ihrer Erbquoten. An den Kosten ist jeder Miterbe also nur anteilsmäßig beteiligt. Die Höhe seines Anteils richtet sich nach der Erbquote des jeweiligen Miterben. Das bedeutet aber nicht, dass der Miterbe die Kosten aus seinem Privatvermögen vorstrecken muss. Die Kosten und Lasten sind vorrangig aus dem Nachlass zu bestreiten. Werden Rechnungen, die im Rahmen der Verwaltung entstanden sind, mit Mitteln aus dem Nachlass bezahlt, so liegt hierin keine Auseinandersetzung des Nachlasses. Ein Miterbe, der für die anderen Verwaltungsmaßnahmen tätigt, erhält die ihm entstandenen Aufwendungen (z.B. Fahrtkosten, Telefonkosten) ersetzt. Alternativ kann er von den Miterben einen Vorschuss aus dem Nachlass verlangen. Der Einsatz der Arbeitskraft oder der mit der Ausführung der Maßnahme verbundene Zeitaufwand des Miterben wird nicht vergütet.

6. Die Nutzung der Nachlassgegenstände

Die meisten Unklarheiten nach dem Erbfall bestehen unter den Miterben im Hinblick auf die Nutzung der Nachlassgegenstände. Grundsätzlich ist jeder Miterbe gleichermaßen zum Gebrauch der Nachlassgegenstände berechtigt. Durch die Nutzung des Nachlassgegenstandes darf er die anderen Miterben aber nicht in deren Gebrauch beeinträchtigen oder gar ausschließen. Den Umfang der Nutzung hat der Gesetzgeber festgelegt. Die Art und Weise der Nutzung müssen die Miterben selbst regeln. Sie entscheiden, wie die Nachlassgegenstände genutzt werden. Sie legen beispielsweise fest, ob ein Wohnhaus vermietet, eine Landwirtschaft verpachtet oder ein Fahrzeug stillgelegt wird. Wird durch die von den Miterben beschlossene Regelung des Nutzungsrechtes die Gebrauchsmöglichkeit eines der Miterben beeinträchtigt, so kann dieser eine Nutzungsentschädigung in Geld verlangen.

a) Wie wird die Nutzung der Nachlassgegenstände geregelt?

Die Nutzung der Nachlassgegenstände regeln die Miterben unter sich. Die Nutzung eines Nachlassgegenstandes muss nicht einstimmig von den Miterben beschlossen werden. Bei Regelung der Nutzung handelt es sich um eine Maßnahme der ordnungsgemäßen Verwaltung, sodass ein Mehrheitsbeschluss der Erben ausreichend ist. Die getroffene Regelung muss im Interesse aller Miterben liegen.

Eine wesentliche Veränderung der bisherigen Nutzung kann zu Lasten eines der Miterben nicht beschlossen werden.

BEISPIEL: Im Nachlass befindet sich eine Eigentumswohnung, die bereits vor dem Erbfall vom Miterben C bewohnt wurde und in dessen hälftigem Miteigentum stand. Das Ehepaar A und B, ebenfalls Miterben, möchte die Wohnung nun auch nutzen. Ist dies möglich, wenn C nicht bereit ist, die Wohnung aufzugeben?

Lösung: A und B können die Wohnung nicht beziehen, denn diese Neuregelung der Nutzung liegt nicht im Interesse aller Miterben. A und B können aber von C eine Nutzungsentschädigung verlangen.

Grundsätzlich gilt: Der einzelne Miterbe ist zur Nutzung der Nachlassgegenstände berechtigt. Das Recht der übrigen Miterben auf einen Mitgebrauch darf jedoch nicht behindert werden. Demjenigen Miterben, der einen Nachlassgegenstand nicht genauso nutzen kann wie die Anderen, steht ein Vergütungsanspruch für die Gebrauchsüberlassung zu. Diesen Anspruch hat der Miterbe aber nicht, wenn er freiwillig auf den Gebrauch verzichtet. Sein Recht zur Nutzung darf allerdings auch nicht durch Mehrheitsbeschluss ausgeschlossen werden. Jeder Miterbe kann die Neuregelung bzw. Anpassung einer bestehenden Vereinbarung verlangen, wenn grundlegende Änderungen eintreten.

b) Wem gebühren die Früchte der Nachlassgegenstände?

Streitigkeiten bezüglich der Teilung oder Verwendung der Früchte sind die Regel. Früchte eines Nachlassgegenstandes sind beispielsweise Mieterträge oder Zinsen, die ein Nachlassgegenstand abwirft. Sie gebühren den Miterben entsprechend ihrer Beteiligung an der Erbengemeinschaft. Das bedeutet jedoch nicht, dass jeder Miterbe den Mietzins entsprechend seiner Erbquote ausgezahlt erhält. Der Mietzins fällt vielmehr in den Nachlass und wird Vermögen der Erbengemeinschaft.

c) Wann werden die Früchte geteilt?

Die Verteilung der Früchte erfolgt erst bei der Auseinandersetzung der Erbengemeinschaft. Die Miterben können nicht verlangen, dass eine frühere Verteilung erfolgt. Auch Abschlagszahlungen können nicht beansprucht werden. Der Grund für diese Regelung liegt darin, dass die Erbquote des einzelnen Miterben zwar mit dem Erbfall bekannt ist. Eine entsprechende Verteilung der Früchte könnte daher grundsätzlich erfolgen. In welcher Höhe der Miterbe aber tatsächlich eine Zahlung verlangen kann, ist erst im Zeitpunkt der Auseinandersetzung der Erbengemeinschaft feststellbar. Erst dann sind nämlich sämtliche Nachlassverbindlichkeiten bereinigt und die Höhe der zu verteilenden Erbmasse ist bekannt. Die Miterben können einvernehmlich abweichende Vereinbarungen über die Teilung der Erträge des Nachlasses treffen und beispielsweise festlegen, dass am Ende eines jeden Monats Abschlagszahlungen an jeden Miterben erfolgen. Treffen die Miterben eine solche Regelung, so kann diese auch wieder aufgehoben werden. Voraussetzung ist jedoch, dass die Aufhebung von den Miterben einstimmig beschlossen wird.

> **Achtung!**
>
> Der Erblasser kann die Auseinandersetzung der Erbengemeinschaft in einem Testament oder Erbvertrag für einen bestimmten Zeitraum verbieten. Wurde das Teilungsverbot für einen längeren Zeitraum als ein Jahr angeordnet, kann jeder Miterbe am Schluss eines Jahres, d.h. erstmalig zwölf Monate nach dem Erbfall, die Teilung der sog. Reinerträge verlangen.

BEISPIEL: Der Erblasser hinterlässt seine Ehefrau F sowie die Kinder S und T. Er hat kein Testament errichtet, sodass nach seinem Tod die gesetzliche Erbfolge eintritt. In seinem Nachlass befindet sich ein vermietetes Mehrfamilienhaus. Über ein Jahr nach dem Erbfall haben die Miterben den Nachlass noch nicht auseinandergesetzt. T ist der Auffassung, wenigstens die eingegangenen Mieterträge sollten geteilt werden. Kann sie eine Abschlagszahlung verlangen?

Lösung: T hat keinen Anspruch auf den Erhalt einer Abschlagszahlung oder die Verteilung der Mieterträge. Zwar ist die Erbengemeinschaft auch über ein Jahr nach dem Erbfall noch nicht auseinandergesetzt. Dies ist jedoch nicht die Folge eines vom Erblasser angeordneten Teilungsverbotes, sodass die Teilung der Früchte ausgeschlossen ist. Stimmen die beiden anderen Miterben zu, können die Erträge verteilt werden (streitig!).

Zur Ermittlung des Reinertrages sind die im jeweiligen Jahr erzielten Einkünfte den getätigten Aufwendungen gegenüberzustellen. Der Reinertrag errechnet sich durch Abzug der Aufwendungen von den Einkünften.

BEISPIEL: In seinem Testament hat der am 12.6.2008 verstorbene Erblasser die Auseinandersetzung der Erbengemeinschaft bis zum Tod seiner Ehefrau F ausgeschlossen. Jährlich werden Mieterträge aus der Nachlassimmobilie in Höhe von 36.000 Euro erzielt. In dem auf seinen Tod folgenden Jahr wurden Renovierungsarbeiten an der Immobilie durchgeführt, für die 24.000 Euro aufgewendet werden mussten. Die Miterbin A, die den Erblasser mit einer Erbquote von $\frac{1}{6}$ beerbt hat, verlangt von F die Teilung der Mieterträge. Kann A die Verteilung verlangen? Zu welchem Zeitpunkt und in welcher Höhe?

Lösung: Da der Erblasser die Auseinandersetzung der Erbengemeinschaft in seinem Testament auf Lebzeiten der F ausgeschlossen hat und seit seinem Tod ein Jahr bereits vergangen ist, kann A die Verteilung der Reinerträge verlangen. Frühester Zeitpunkt, zu dem der Anspruch durchgesetzt werden kann, ist der 12.6.2009. A kann $\frac{1}{6}$ des Reinertrages verlangen. Nach Abzug der Aufwendungen für die Renovierung von den erzielten Mieterträgen, verbleibt ein Reinertrag in Höhe von 12.000 Euro, sodass sich der Anspruch der A auf 2.000 Euro beläuft.

7. Die Verfügung über Nachlassgegenstände

Soll über Nachlassgegenstände verfügt werden, müssen die Miterben gemeinsam handeln. Das Gesetz verlangt hierfür einen einstimmigen Beschluss der Erben. Grund hierfür ist, dass ansonsten einer der Miterben die Anderen vor vollendete Tatsachen stellen könnte, weil seine Verfügung nicht mehr rückgängig zu machen ist.

a) Was versteht man unter einer Verfügung?

Eine Verfügung ist eine Handlung, durch die ein Recht übertragen, belastet, aufgehoben oder geändert wird.

BEISPIELE für Verfügungen sind etwa:
- die Kündigung eines Vertrages
- der Rücktritt von einem Vertrag
- die Belastung von Grundbesitz mit einer Hypothek oder Grundschuld
- die Übergabe eines Hausanwesens.

b) Wann muss die Einstimmigkeit unter den Miterben vorliegen?

Der Verfügung über einen Nachlassgegenstand müssen alle Miterben zustimmen. Die Zustimmung der einzelnen Miterben muss nicht gleichzeitig erklärt werden. Es genügt auch, wenn die Zustimmung im Vorfeld oder auch erst nachträglich erteilt wird.

c) Was geschieht, wenn ein Miterbe ohne die erforderliche Einstimmigkeit über einen Nachlassgegenstand verfügt?

Verfügt ein Miterbe über einen Nachlassgegenstand, obwohl die Zustimmung der übrigen Miterben nicht vorliegt, ist die Verfügung unwirksam. Die Verfügung wird nur wirksam, wenn die Miterben sie später genehmigen. Wird die Genehmigung nicht erteilt, bleibt es bei der Unwirksamkeit. Dies gilt auch, wenn ein Miterbe bereits von vornherein seine Einwilligung verweigert hatte. Wurde die Verfügung von den Miterben mehrheitlich beschlossen, ist eine wirksame Verfügung dennoch nicht möglich, da hierfür die Zustimmung aller Miterben benötigt wird. Das Vorliegen eines Mehrheitsbeschlusses verpflichtet aber die Miterben, die ihre Zustimmung versagt haben, an der Verfügung mitzuwirken. Die Zustimmung der Miterben kann im Klagewege erzwungen werden, wenn sie strikt abgelehnt wird.

d) Gibt es ein „Notverfügungsrecht"?

Ein Notverfügungsrecht, das die Verfügung einzelner Miterben über einen Nachlassgegenstand in Dringlichkeitsfällen ermöglicht, fehlt im Gesetz. Das hat zur Folge, dass grundsätzlich die fehlende Zustimmung einzelner Miterben zu einer Verfügung im Klagewege erzwungen werden muss.

8. Durchsetzung von Forderungen im Nachlass

Ansprüche aus Verträgen, die der Erblasser abgeschlossen hatte, müssen gegenüber der Erbengemeinschaft erfüllt werden. Hatte der Erblassers beispielsweise sein Auto verkauft, den Kaufpreis vom Käufer aber noch nicht erhalten, kann der Käufer seine Verpflichtungen aus diesem Vertrag nur erfüllen, indem er an die Erben gemeinschaftlich zahlt. Umgekehrt kann die Kaufpreiszahlung auch nur gemeinschaftlich von allen Erben verlangt werden. Dies hat zur Folge, dass die Erben zunächst einen Mehrheitsbeschluss erwirken müssten, wenn sie gegen den Käufer vorgehen wollen, weil dieser beispielsweise die Kaufpreiszahlung ablehnt. Die Geltendmachung von Forderungen im Nachlass ist eine Maßnahme der ordnungsgemäßen Verwaltung und muss daher stets mehrheitlich beschlossen werden. Verweigert einer der Miterben seine Mitwirkung, so müsste diese erst im Klagewege erzwungen werden, bevor gegen den Käufer vorgegangen werden könnte.

Die Geltendmachung von Forderungen im Nachlass hat der Gesetzgeber daher abweichend geregelt, um sie den Miterben zu erleichtern. Jeder Miterbe ist berechtigt, eine Forderung im eigenen Namen für die Erbengemeinschaft geltend zu machen, indem er die Zahlung der gesamten Forderung an die Erbengemeinschaft verlangt (actio pro socio).

BEISPIEL: Der Erblasser E hat gegen den Käufer K einen Anspruch auf Zahlung des Kaufpreises in Höhe von 24.000 Euro. Nach dem Tod des E will K den Kaufpreis nicht zahlen. Er ist der Auffassung, er habe den Vertrag mit E geschlossen und nicht mit dessen Erben. Erben des E wurden die Geschwister A, B, C und D zu je ¼. A möchte den Kaufpreis einklagen. B, C und D scheuen einen Rechtsstreit und verweigern ihre Zustimmung zur Klageerhebung. A möchte dennoch gegen K vorgehen und zumindest den auf seinen Erbteil entfallenden Anteil geltend machen.

Hat eine Klage des A Aussicht auf Erfolg, mit der er ¼ des Kaufpreises, also 6.000 Euro einklagt?

Lösung: Die Klage des A kann nicht erfolgreich sein. Er kann den Kaufpreis nicht lediglich in Höhe seiner eigenen Erbquote geltend machen, da dies eine vom Gesetz nicht erlaubte teilweise Auseinandersetzung der Erbengemeinschaft wäre. Die Klage des A hätte nur dann Aussicht auf Erfolg, wenn die Miterben B, C und D ihn ausdrücklich zur Geltendmachung nur des auf ihn entfallenden Kaufpreisanteiles ermächtigt hätten. A hätte ohne Zustimmung der Miterben allerdings den gesamten Kaufpreis zur Zahlung an die Erbengemeinschaft einklagen können.

Auf diese Art und Weise können nicht nur Ansprüche geltend gemacht werden, die vom Erblasser auf die Miterben übergegangen sind. Das Recht zur Geltendmachung von Forderungen eines Erben für die Erbengemeinschaft besteht auch im Hinblick auf Ansprüche der Erbengemeinschaft, die erst nach dem Erbfall entstanden sind. Die Miterben können vom Schuldner auch die Hinterlegung der geschuldeten Sache verlangen. Der einzelne Miterbe kann die Hinterlegung bei Gericht für die Erbengemeinschaft beanspruchen. Die Hinterlegung richtet sich nach der Hinterlegungsordnung, nach welcher vom Gericht Geld, Wertpapiere, Urkunden und Kostbarkeiten entgegengenommen werden. Anstelle der Hinterlegung bei Gericht können die Miterben die geschuldete Sache auch bei einem gerichtlich bestellten Verwahrer abliefern lassen.

Tipp

Es empfiehlt sich bei einer Klage wegen einer Forderung der Erbengemeinschaft, dass nur einer der Erben klagt und Leistung an die Erbengemeinschaft begehrt. Die anderen Miterben können dann als Zeugen vernommen werden. Klagen alle Miterben der Erbengemeinschaft, so sind sie Partei und scheiden als Zeugen aus.

9. Surrogation

Im Zuge der Verwaltung des Nachlasses durch die Miterben kommt es oft zu einer Veränderung des Nachlassbestandes. Es werden Nachlassgegenstände verkauft. Neue Gegenstände werden angeschafft. Gelegentlich werden Nachlassgegenstände beschädigt oder zerstört. Die Ersetzung eines Gegenstandes durch einen anderen (Surrogat) nennt man Surrogation. Surrogation findet auch bei Erbengemeinschaften statt. Der für einen Nachlassgegenstand beschaffte Ersatz fällt kraft Gesetzes in das Gesamthandsvermögen der Erbengemeinschaft.

> **BEISPIEL:** Die Erbengemeinschaft verkauft das Wohnhaus des Erblassers. Das Surrogat ist der erzielte Verkaufspreis, der in das Gesamthandsvermögen der Erbengemeinschaft fällt.

Nicht nur Gegenstände, sondern auch Forderungen werden ersetzt.

> **BEISPIEL:** Im Nachlass des Erblassers E befindet sich ein Pkw, der nach Vereinbarung der Miterben A, B und C hauptsächlich von A alleine genutzt wird. Auf einer der Fahrten erleidet das Fahrzeug durch einen Unfall einen Totalschaden. Der Unfall war zu 100% fremdverschuldet. Die Haftpflichtversicherung des Unfallverursachers ersetzt den Schaden durch Übersendung eines Verrechnungsschecks an den Miterben A. Miterbe A will den Scheck einlösen. Darf er den Guthabenbetrag seinem Privatkonto gutschreiben lassen?
>
> **Lösung:** Nein. Das Guthaben gebührt der Erbengemeinschaft. A muss es dem erbengemeinschaftlichen Konto gutschreiben lassen. Der Scheck wurde zum Ausgleich des Schadens am PKW ausgestellt und fällt durch Surrogation in das Nachlassvermögen.

Durch die Surrogation wird die Werthaltigkeit des Nachlasses erhalten. Es kommt also nicht darauf an, dass der Nachlassbestand genauso erhalten wird, wie er im Zeitpunkt des Erbfalles vorhanden war. Entscheidend ist vielmehr, dass sich der Nachlass in seinem Wert nicht verändert. Hierdurch werden die Gläubiger des Nachlasses geschützt, da der Nachlasswert infolge der Surrogation gleichwertig bleibt. Die Miterben können die Surrogation nicht verhindern. Sie tritt kraft Gesetzes ein. Es können auch mehrere Surrogationsfälle nacheinander erfolgen.

> **BEISPIEL:** Die Erbengemeinschaft verkauft wertvolle Nachlassgegenstände und erwirbt mit dem Verkaufserlös ein Aktiendepot bei einer Bank. Hier ist zunächst der Verkaufserlös an die Stelle der Nachlassgegenstände getreten (1. Surrogation) und wurde dann ersetzt durch das Aktiendepot (2. Surrogation).

V. Die Auseinandersetzung der Erbengemeinschaft

1. Grundsätzliches

Die Erbengemeinschaft ist nur eine Gemeinschaft auf Zeit. Daher kann der Miterbe grundsätzlich jederzeit die Auseinandersetzung des Nachlasses verlangen. Ein wichtiger Grund muss hierfür nicht vorliegen. Der Nachlass ist in aller Regel insgesamt auseinanderzusetzen. Es kann zwar auch eine nur teilweise Auseinandersetzung erfolgen. Ein Anspruch der Miterben auf Teilauseinandersetzung des Nachlasses besteht jedoch nicht. Häufig sind Erbauseinandersetzungen dennoch von Teilauseinandersetzungen geprägt. Dies ergibt sich daraus, dass in aller Regel das im Nachlass befindliche Geld- oder Wertpapiervermögen vorab unter den Miterben verteilt wird. Die Konsequenz dieser Vorgehensweise ist, dass sich im Anschluss an die Verteilung nur noch Grundbesitz im Nachlass befindet. Ziel der Auseinandersetzung ist, dass jeder Miterbe aus dem Nachlass wertmäßig erhält, was seiner Erbquote entspricht.

Bevor die Erbengemeinschaft auseinandergesetzt werden kann, sind die Nachlassverbindlichkeiten zu begleichen. Wird diese Voraussetzung nicht erfüllt und der Nachlass vor Bereinigung der Nachlassverbindlichkeiten geteilt, hat dies weit reichende Konsequenzen: Die Haftung für die Verbindlichkeiten kann nicht mehr auf den Nachlass beschränkt werden. Die Erben haften hierfür nach der Teilung nun zusätzlich mit ihrem Privatvermögen. Zwar trifft die Miterben auch nach der Auseinandersetzung der Erbengemeinschaft die Haftung für die Nachlassverbindlichkeiten noch gemeinschaftlich. Der einzelne Erbe kann jedoch vom Gläubiger der Nachlassverbindlichkeiten in voller Höhe in Anspruch genommen werden und die Höhe seiner Inanspruchnahme nicht mehr nur auf seine Erbquote beschränken. Im Innenverhältnis kann der vom Gläubiger in Anspruch genommene Erbe zwar von den übrigen Miterben Ausgleich verlangen. Die Geltendmachung und insbesondere die Durchsetzung dieses Anspruches führen jedoch nicht selten zu vermeidbaren Streitigkeiten unter den Miterben.

Befindet sich im Nachlass nicht genügend Barvermögen um die Nachlassverbindlichkeiten zu begleichen, muss der Nachlass hierfür notfalls versilbert werden. Es müssen einzelne Nachlassgegenstände „zu Geld gemacht werden". Die Miterben müssen die betroffenen Nachlassgegenstände gemeinschaftlich auswählen und verkaufen. Die Auswahl stellt eine Maßnahme der außerordentlichen Verwaltung dar und setzt daher für ihre Wirksamkeit einen einstimmigen Beschluss der Miterben voraus. Bevor der Nachlass an die einzelnen Miterben verteilt werden kann, sind außerdem Vorempfänge, die einer der Miterben erhalten hat, auszugleichen. Nach der Auseinandersetzung des Nachlasses soll das gemeinschaftliche Eigentum an den Nachlassgegenständen aufgehoben und die Miterben Alleineigentümer einzelner Nachlassgegenstände sein.

2. Kann die Auseinandersetzung ausgeschlossen werden?

Will der Erblasser verhindern, dass die Erben sofort nach Eintritt des Erbfalls den Nachlass auseinandersetzen und gegebenenfalls den Nachlass veräußern oder in die Zwangsversteigerung bringen, dann kann er durch ein Teilungsverbot die sofortige Auseinandersetzung verhindern. Sinnvoll ist dies beispielsweise dann, wenn der Erblasser einen Ehepartner hinterlässt und diesem ein Wohnungs- oder Nutzungsrecht an den im Nachlass befindlichen Immobilien eingeräumt hat. In solchen Fällen sollte die Auseinandersetzung des Nachlasses auf Lebzeiten des Ehepartners ausgeschlossen werden mit der Folge, dass der Nachlass erst nach Ableben des Ehepartners verteilt bzw. veräußert werden kann.

Beim Teilungsverbot nach § 2044 BGB handelt es sich um eine sog. **negative Teilungsanordnung** mit dem Inhalt, dass der Anspruch eines bzw. aller Miterben gegenüber den anderen auf Auseinandersetzung der Erbengemeinschaft ausgeschlossen ist. Es bezieht sich grundsätzlich auf den gesamten Nachlass, wenn der Erblasser es nicht auf einzelne Nachlassgegenstände beschränkt hat. Gebunden sind die Erben insgesamt durch das Teilungsverbot allerdings nicht. Einvernehmlich können sie sich jederzeit hierüber hinwegsetzen. Will der Erblasser dies verhindern, sollte er das Teilungsverbot als Auflage qualifizieren und einen Testamentsvollstrecker mit der Vollziehung bestimmen.

Hinsichtlich des Umfangs des Teilungsverbotes sollte bedacht werden, dass es gegebenenfalls empfehlenswert ist, nur einzelne Nachlassgegenstände (gegenständliche Beschränkung) hiervon zu erfassen. In dem obigen Beispiel, in dem der überlebende Ehepartner das Wohnungs- und Nutzungsrecht an den Immobilien erhält, würde es daher genügen, wenn die Auseinandersetzung des Nachlasses hinsichtlich der Immobilien ausgeschlossen wird, nicht aber bezüglich des restlichen Nachlasses.

Darüber hinaus kann das Teilungsverbot aber auch personell beschränkt werden, z.B. auf einen oder mehrere Erben bzw. Stämme. Letztlich kann das Teilungsverbot als ein weniger auch so ausgestaltet werden, dass eine Auseinandersetzung der Erbengemeinschaft von einer Kündigungsfrist abhängig gemacht wird oder beispielsweise erst dann, wenn eine bestimmte Anzahl von Erben oder die Mehrheit der Erben eine entsprechende Auseinandersetzung beantragen.

Zeitlich ist die Anordnung des Teilungsverbotes auf die Dauer von 30 Jahren beschränkt (§ 2044 Abs. 2 BGB). Es kann aber auch für einen längeren Zeitraum als 30 Jahre angeordnet werden, wenn der Eintritt eines bestimmten Ereignisses angeordnet wird.

3. In welchen Fällen kann die Auseinandersetzung trotz Verbotes verlangt werden?

Unabhängig vom Bestehen eines Verbotes kann die Erbengemeinschaft auseinandergesetzt werden, wenn einer der Miterben verstirbt oder ein sonstiger wichtiger Grund vorliegt (z.B. der Eintritt der Volljährigkeit eines der Miterben). Ein solcher ist beispielsweise anzunehmen, wenn einem Erben der Gebrauch eines gemeinsamen Gegenstandes unmöglich gemacht wird oder eine gemeinsame Verwaltung aufgrund eines zerstörten Vertrauensverhältnisses nicht mehr möglich ist. Seine Grenzen findet das Teilungsverbot in den Fällen, in denen ein wichtiger Grund für die Auseinandersetzung der Erbengemeinschaft vorliegt (§§ 749 Abs. 2, Abs. 3, 750 BGB). Des Weiteren wird bei Tod eines Miterben gemäß § 750 BGB der Ausschluss der Auseinandersetzung außer Kraft gesetzt und er wirkt nicht gegenüber Gläubigern, die einen Erbteil gepfändet haben (§ 751 Satz 2 BGB).

Außerdem können sich die Miterben einvernehmlich über ein vom Erblasser angeordnetes Teilungsverbot hinwegsetzen. Auch die Miterben können durch vertragliche Vereinbarung untereinander ein Auseinandersetzungsverbot beschließen. Eine solche Vereinbarung der Miterben stellt eine Verwaltungsmaßnahme dar. Die Miterben können sich darauf einigen, die Erbengemeinschaft überhaupt nicht auseinanderzusetzen oder die Auseinandersetzung nur über einen bestimmten Zeitraum auszuschließen. Vereinbarungen der Miterben über die Auseinandersetzung der Erbengemeinschaft werden gegenstandslos, wenn einer von ihnen die Teilung des Nachlasses aus wichtigem Grund verlangen kann.

Kraft Gesetzes ist die Auseinandersetzung ausgeschlossen, solange die Erbteile der Miterben noch unbestimmt sind. Wurde der Nachlass in diesem Stadium geteilt und stellt sich später heraus, dass die tatsächlichen Erbquoten der Miterben von denen abweichen, die bei der Teilung zugrunde gelegt wurden, muss nachträglich eine Korrektur vorgenommen werden. Das ist insbesondere dann schwierig, wenn einer der Miterben, der bei der Teilung mehr erhalten hat, als ihm zusteht, seinen Anteil bereits verbraucht hat und einen Ausgleich auch aus seinem Privatvermögen nicht erbringen kann. Auch so lange die Nachlassgläubiger im Wege eines gerichtlichen Aufgebotsverfahrens ermittelt werden, darf der Nachlass nicht geteilt werden. Erst nach Abschluss des Verfahrens steht fest, welche Nachlassverbindlichkeiten bestehen. Die Auseinandersetzung der Erbengemeinschaft ist außerdem ausgeschlossen, wenn eine als Erbe in Frage kommende Person noch nicht geboren, aber bereits gezeugt ist. In diesem Fall ist frühester Zeitpunkt für die Auseinandersetzung die Geburt des Erben.

Formulierungsbeispiel für ein Teilungsverbot als Auflage mit Testamentsvollstreckung:

Testament

Ich, …, geb. am … in …, derzeit wohnhaft …, widerrufe alle meine bisherigen Verfügungen von Todes wegen in vollem Umfang und erkläre, dass ich nicht durch ein bindend gewordenes Testament oder einen Erbvertrag an der Errichtung dieser Verfügung von Todes wegen gehindert bin.

Zu meinen alleinigen Erben bestimme ich meinen Ehemann …, geb. am … in …, derzeit wohnhaft … und meine beiden Kinder …, geb. am … in …, derzeit wohnhaft … und …, geb. am … in …, derzeit wohnhaft … zu je $^1/_3$ Erbteil. Ersatzerben werden die Abkömmlinge der von mir bestimmten Erben, wiederum ersatzweise soll – zunächst innerhalb eines Stammes – Anwachsung eintreten.

Das Recht eines einzelnen Miterben, die Auseinandersetzung der Erbengemeinschaft zu verlangen, schließe ich im Wege der Auflage auf die Dauer von 20 Jahren ab dem Zeitpunkt meines Todes aus (alternativ bis zu einem bestimmten Lebensjahr der Abkömmlinge). Entgegen den §§ 2044 Abs. 1 Satz 2, 750 BGB bleibt das Teilungsverbot auch beim Tod eines Miterben bestehen. Es endet allerdings für alle Miterben in dem Zeitpunkt, in dem sich mein Ehemann wiederverheiratet.

Für die Abwicklung des Nachlasses ordne ich Testamentsvollstreckung an. Der Testamentsvollstrecker hat die Aufgabe, das Teilungsverbot zu überwachen und durchzusetzen und bei Zuwiderhandlung den Nachlass auf die Dauer der Restzeit der Auflage zu verwalten. Zum Testamentsvollstrecker bestimme ich …. Er hat das Recht, vor oder nach Annahme des Amtes einen Ersatztestamentsvollstrecker zu bestimmen, wiederum ersatzweise soll das Nachlassgericht einen geeigneten Testamentsvollstrecker benennen.

Ort, Datum, Unterschrift

4. Wie wird geteilt?

Wie bereits oben erwähnt ist die Erbengemeinschaft nur eine Gemeinschaft auf Zeit, sodass jeder der Miterben zu jeder Zeit die Auseinandersetzung verlangen kann. Verlangt einer der Miterben die Teilung, sind die anderen Miterben verpflichtet, an der Auseinandersetzung mitzuwirken. Diese Mitwirkungsverpflichtung ist gesetzlich normiert. Verstößt einer der Miterben gegen die Mitwirkungsverpflichtung muss er hierdurch entstehende Schäden ersetzen. Bevor für die Teilung des Nachlasses auf die gesetzlich geregelten Vorschriften zurückgegriffen werden kann, ist zu überprüfen, ob die letztwillige Verfügung des Erblassers Vorgaben für die Auseinandersetzung beinhaltet. Diese Anordnungen des Erblassers haben grundsätzlich Vorrang. Anordnungen für die Auseinandersetzung können beispielsweise Teilungsanordnungen, Übernahmerechte oder Vorausvermächtnisse sein. Von den Anordnungen des Erblassers für die Teilung und auch von den gesetzlichen Teilungsvorschriften, kann abgewichen werden, wenn jeder Miterbe einverstanden ist. Die Erben regeln die Teilung des Nachlasses dann unter sich, und zwar durch Abschluss eines Auseinandersetzungsvertrages.

5. Welchen Inhalt hat ein Auseinandersetzungsvertrag?

Im Auseinandersetzungsvertrag wird festgelegt, wie die einzelnen Nachlassgegenstände unter den Miterben verteilt werden sollen. Bei Errichtung des Auseinandersetzungsvertrages muss keine bestimmte Form eingehalten werden. Der Vertrag kann somit grundsätzlich auch mündlich geschlossen werden. Es empfiehlt sich dennoch, die Vereinbarungen schriftlich niederzulegen, um späteren Erinnerungslücken einzelner Miterben vorzubeugen. Eine notarielle Beurkundung des Auseinandersetzungsvertrages ist nicht notwendig. Eine Ausnahme ergibt sich für die Fälle, in denen im Zuge der Auseinandersetzung Grundbesitz übertragen wird. Die notarielle Beurkundung ist hier zwingend. Die Miterben verpflichten sich, einzelne Nachlassgegenstände an einen oder mehrere Miterben zu übertragen. Die Übertragung der Nachlassgegenstände erfolgt in Erfüllung des Auseinandersetzungsvertrages nach Maßgabe der eingegangenen Verpflichtungen.

Erhält ein Miterbe durch diese Teilung mehr als ihm aufgrund seiner Erbquote zusteht, so muss er nicht unbedingt einen Ausgleichsbetrag in den Nachlass zu zahlen. Zulässige Folge eines Auseinandersetzungsvertrages kann auch die Begünstigung einzelner Miterben sein.

6. Die Abschichtung einzelner Miterben

Zu einer teilweisen Auseinandersetzung der Erbengemeinschaft führt die Abschichtung einzelner Miterben. Ein Miterbe scheidet, wenn er „abgeschichtet" wird, aus der Erbengemeinschaft aus. Er erhält hierfür eine Abfindung von den übrigen Miterben, die entweder aus dem Nachlass oder aus dem Privatvermögen der Miterben gezahlt wird. Dieser Vorgang wird als Abschichtung bezeichnet. Neben dem Ausscheiden der abgefundenen Erben aus der Erbengemeinschaft ist eine weitere Folge der Abschichtung, dass der Erbteil dieser Miterben den in der Erbengemeinschaft verbleibenden Erben gleichmäßig anwächst und sich infolgedessen deren Erbquoten erhöhen. Die Erbengemeinschaft ist nur teilweise auseinandergesetzt, weil nur einzelne Miterben aus der Erbengemeinschaft ausscheiden. Die Erbengemeinschaft besteht auch nach der Abschichtung mit den verbleibenden Miterben fort. Der Abschichtungsvertrag ist genauso wie der Auseinandersetzungsvertrag an keine bestimmte Form gebunden. Die Abschichtung kann daher sowohl mündlich, als auch schriftlich vereinbart werden.

7. Was geschieht, wenn die Miterben für die Teilung keine Einigung erzielen können?

Die gesetzlichen Regeln für die Auseinandersetzung sind heranzuziehen, wenn die Miterben die Teilung des Nachlasses nicht einvernehmlich herbeiführen können. Die Miterben können die Teilung des Nachlasses unter Einhaltung der gesetzlichen Regeln jederzeit verlangen. Ziel ist die Versilberung des Nachlasses, um eine Realteilung zu ermöglichen. Geld lässt sich quotenmäßig eindeutig aufteilen. Die gesetzlichen Regeln schreiben vor, teilbare Gegenstände (beispielsweise Geld, Wertpapiere) in Natur unter den Erben zu verteilen. Die Teilung in Natur muss ohne Wertverlust möglich sein und setzt voraus, dass sich ein Gegenstand in mehrere Teile zerlegen lässt, die den Erbquoten der Miterben entsprechen. Unteilbare Gegenstände sind zu veräußern (z.B. Kunstgegenstände, Schiffe) und zwar, falls dies notwendig ist, im Wege des Zwangsverkaufes. Grundstücke werden in der Teilungsversteigerung verwertet. Der Pfandverkauf und auch die Teilungsversteigerung selbst führen noch nicht zur Auseinandersetzung der Erbengemeinschaft. Erst wenn der Erlös unter den Miterben geteilt ist, ist die Auseinandersetzung abgeschlossen.

8. Die Teilungsversteigerung – Ein Überblick

Die Teilungsversteigerung bereitet „als letzter Ausweg" die Auseinandersetzung der Erbengemeinschaft vor und hat daher besondere Bedeutung, wenn sich die Miterben über die Verwertung oder den Verbleib von im Nachlass befindlichen Grundbesitz nicht einigen können. Werden Nachlassgrundstücke versteigert, so muss in aller Regel mit finanziellen Einbußen gerechnet werden, denn selten wird ein Erlös erzielt, der den Verkehrswert des Objektes erreicht. Erfahrungsgemäß wird im Rahmen der Teilungsversteigerung Geboten der Zuschlag erteilt, die circa 70% des Verkehrswertes erreichen. Die Teilungsversteigerung sollte daher zur Auseinandersetzung der Erbengemeinschaft nicht unüberlegt ins Auge gefasst werden.

Das Teilungsversteigerungsverfahren kommt auf Antrag eines der Miterben in Gang. Der Antrag ist beim Amtsgericht (Vollstreckungsgericht) zu stellen, in dessen Bezirk sich das betroffene Grundstück befindet. Der Rechtspfleger prüft die Zulässigkeit der Teilungsversteigerung (Grundstücksgemeinschaft; Antragsteller muss Teilhaber der Gemeinschaft sein) und erlässt bei Vorliegen der Voraussetzungen einen anordnenden Beschluss. Hierdurch wird das Grundstück „beschlagnahmt", d.h. das Grundstück darf nicht mehr freihändig verkauft werden. Es wird ein Versteigerungsvermerk ins Grundbuch eingetragen. Anschließend wird der Wert des Grundstückes ermittelt und festgesetzt. Die Wertermittlung erfolgt in aller Regel durch Einholung eines Sachverständigengutachtens.

Sodann wird der Versteigerungstermin festgesetzt. Ort und Termin der Versteigerung sowie die Grundbuchdaten des zu versteigernden Grundstückes werden hierdurch bekanntgegeben. Die Terminsbestimmung muss mindestens sechs Wochen vor der Versteigerung erfolgen. Bis spätestens im Versteigerungstermin müssen Gläubiger, die Rechte an dem Grundstück geltend machen, diese bei Gericht anmelden. Nicht angemeldete Rechte erlöschen.

Vor der Durchführung der Versteigerung müssen die Versteigerungsbedingungen vom Gericht festgelegt werden: hierfür errechnet das Gericht das sog. geringste Gebot. Das geringste Gebot muss die Verfahrenskosten und die im Grundbuch eingetragenen Rechte berücksichtigen. Unter diesem Gebot darf der Zuschlag nicht erteilt werden.

Um zu verhindern, dass das Grundstück verschleudert wird, setzt das Gericht ein Mindestgebot an, das sich am Verkehrswert des Grundstückes orientiert und 50% dieses Wertes nicht unterschreiten darf. Das Mindestgebot muss aber nur im ersten Versteigerungstermin erreicht werden. Findet ein weiterer Termin statt, weil zunächst kein Bieter ein zulässiges Gebot abgegeben hat und daher der Zuschlag nicht erteilt werden konnte, muss das Mindestgebot nicht erreicht werden. Das Grundstück kann zu einem den Verkehrswert erheblich unterschreitenden Wert ersteigert werden. Hierin liegt das Risiko der Teilungsversteigerung!

Die Teilungsversteigerung ist ausgeschlossen, wenn eine Teilung in Natur möglich ist. Dies dürfte jedoch nur äußerst selten der Fall sein, denn Grundbesitz lässt sich in aller Regel nicht ohne Wertverlust teilen.

Achtung!

Jeder Miterbe kann die Teilungsversteigerung beantragen und zwar unabhängig davon, wie groß seine Beteiligung an der Erbengemeinschaft ist. Befindet sich nur ein Grundstücksanteil im Gesamthandseigentum der Erbengemeinschaft, so kann der Miterbe dennoch die Versteigerung des gesamten Grundstücks verlangen (sog. großes Antragsrecht).

BEISPIEL: Die in 2. Ehe miteinander verheirateten Eheleute F und M sind Eigentümer eines Hausanwesens zu je $1/2$. Als F verstirbt, wird sie von ihrem Ehemann sowie ihren zwei Söhnen S und B aus erster Ehe beerbt. M wird Erbe zu $1/2$, die beiden Söhne erben zu je $1/4$. In den Nachlass fällt der $1/2$-Miteigentumsanteil am Hausanwesen. B will die Erbengemeinschaft so schnell wie möglich auseinandersetzen. Er befindet sich in finanziellen Schwierigkeiten und benötigt Bargeld. M möchte das Haus halten, hat aber nicht genügend Mittel um B auszuzahlen. B beantragt bei Gericht die Teilungsversteigerung des gesamten Hausanwesens. Mit Erfolg?

Lösung: Der Antrag auf Teilungsversteigerung ist zulässig. B kann den Antrag als Teilhaber der Erbengemeinschaft stellen. Der Antrag muss sich nicht nur auf die in den Nachlass fallende Haushälfte beziehen. Wegen des „großen Antragsrechtes" kann B mit Erfolg seinen Antrag auf die Versteigerung des gesamten Hauses erstrecken.

Nach erfolgter Teilungsversteigerung ist die Erbengemeinschaft noch nicht auseinandergesetzt. Die Auseinandersetzung der Erbengemeinschaft wird durch die Versteigerung nur vorbereitet. Weitere Voraussetzung für die Beendigung der Erbengemeinschaft ist die Verteilung des Erlöses an die Erben entsprechend ihrer Erbquoten.

Achtung!

Beantragt ein Miterbe die Teilungsversteigerung und stellt sein Erbteil sein wesentliches Vermögen dar, so benötigt er für die Antragstellung die Zustimmung seines Ehegatten, sofern er mit diesem im gesetzlichen Güterstand lebt!

Formulierungsbeispiel:

An das Amtsgericht
– Vollstreckungsgericht –

Antrag auf Teilungsversteigerung

Ich beantrage hiermit die Teilungsversteigerung
des im Grundbuch von ..., Amtsgericht ..., Blatt ..., eingetragenen Grundstückes der Gemarkung, FlNr.: ..., Bezeichnung ...
zur Aufhebung der Gemeinschaft.

Im Grundbuch ist als Eigentümer eingetragen Herr XY, vgl. beglaubigter Grundbuchauszug vom ...

Herr XY ist am .... verstorben.
Er wurde ausweislich des beigefügten Erbscheines des Amtsgerichtes ... beerbt von ...

Der Erblasser hat die Auseinandersetzung der Erbengemeinschaft nicht angeordnet. Die Miterben haben einen Ausschluss der Auseinandersetzung ebenfalls nicht vereinbart.

Das Gebäude steht leer. Die Erben des XY versuchen seit zwei Jahren erfolglos das Grundstück zu verkaufen.

Die Teilungsversteigerung ist notwendig, um die Erbengemeinschaft auseinandersetzen zu können.

Das Grundstück hat gemäß dem beigefügten Verkehrswertgutachten vom ... einen Wert von Euro ...

Ort, Datum, Unterschrift
(Antragsteller)

VI. Die Durchsetzung der Auseinandersetzung vor Gericht – die Erbteilungsklage

1. Vermittlung des Nachlassgerichts

Eine wenig praktizierte Möglichkeit zur Erbauseinandersetzung ist die Beantragung der Vermittlung des Nachlassgerichtes. In diesem Verfahren wird der Rechtspfleger im Hinblick auf die Auseinandersetzung der Erbengemeinschaft vermittelnd tätig. Er entwirft einen

Teilungsplan und unterbreitet diesen den Miterben als Vorschlag. Der Teilungsplan wird unter Berücksichtigung der widerstreitenden Interessen der Miterben erstellt. Eine verbindliche Entscheidung darüber, wie geteilt werden soll, darf das Nachlassgericht nicht treffen. Sobald Unklarheiten entstehen und Einigkeit unter den Miterben nicht besteht, muss das Verfahren ausgesetzt werden. Besteht nach dem Vorschlag des Nachlassgerichts zur Teilung weiterhin Uneinigkeit zwischen den Erben, kann der die Teilung begehrende Miterbe die übrigen Erben auf Zustimmung zum Teilungsplan verklagen.

2. Die Erbteilungsklage

Wegen des gesetzlich verankerten Grundsatzes, nach welchem jeder Erbe jederzeit die Auseinandersetzung des Nachlasses verlangen kann, besteht die Möglichkeit der Erben, diesen Anspruch im Klagewege durchzusetzen. Vor der Erhebung der Klage muss der die Auseinandersetzung anstrebende Erbe einen Teilungsplan entwerfen. Mit der Klage wird die Zustimmung zum Teilungsplan begehrt. Die sorgfältige Errichtung des Teilungsplanes ist daher für eine erfolgreiche Erbteilungsklage unabdingbar.

3. Was muss der Teilungsplan beinhalten?

Der Teilungsplan ist nach den gesetzlichen Teilungsregeln zu erstellen. Hierfür muss der Nachlass zunächst versilbert worden sein. Eventuelle Teilungsanordnungen des Erblassers sind zu berücksichtigen, da diese den gesetzlichen Regelungen vorgehen. Sofern Vorempfänge unter den Miterben auszugleichen sind, muss dies im Teilungsplan dargelegt werden. Die Verteilung der Nachlassgegenstände ist darzustellen. Weitere unbedingte Voraussetzung für eine Teilungsklage ist, dass der Nachlass teilungsreif ist. Liegt Teilungsreife nicht vor, muss die Klage abgewiesen werden. Mangelnde Teilungsreife des Nachlasses ist die häufigste Ursache einer erfolglosen Teilungsklage.

4. Wann ist der Nachlass teilungsreif?

Teilungsreife liegt vor, wenn der Nachlass in Natur teilbar ist. Der Nachlassumfang muss feststehen. Befindet sich im Nachlass Grundbesitz, so muss dieser im Wege der Teilungsversteigerung verwertet werden. Vorher ist der Nachlass nicht teilungsreif. Weitere Voraussetzung für die Teilungsreife ist, dass sämtliche Nachlassverbindlichkeiten beglichen sind.

5. Welche Rechtsfolge hat die erfolgreiche Teilungsklage?

Die Entscheidung über die Teilungsklage erfolgt durch Urteil. Hierdurch wird die Zustimmung der verklagten Erben ersetzt. Der Nachlass wird entsprechend den Angaben im Teilungsplan auseinandergesetzt.

Achtung!

Eine Erbteilungsklage kann nicht erfolgreich sein, wenn sich der mit der Klage vorzulegende Teilungsplan über Vereinbarungen der Erben zur Auseinandersetzung hinwegsetzt.

BEISPIEL: Der Erblasser hatte in seinem Testament seine Kinder A und B zu Erben zu je 1/2 eingesetzt und bestimmt. Im Wege der Teilungsanordnung bestimmte er, dass A das Wohnhaus und B das im Nachlass befindliche Geldvermögen erhalten solle. Die Vermögensgegenstände haben denselben Wert. A begehrt die Auseinandersetzung der Erbengemeinschaft entsprechend den Anordnungen im Testament. B empfindet die vorgesehene Teilung als ungerecht. A verklagt B auf Zustimmung zu folgendem Teilungsplan:

1. Das im Grundbuch des Amtsgerichtes von Mannheim, Blatt X, Gemarkung Y, Flur Nr. 2, Flurstück Nr. 1234 eingetragene Grundstück, Hof- und Gebäudefläche Musterstr. 2 zu 1000 qm erhält der Kläger.
2. Die Beklagte erhält das Guthaben auf dem Konto Nr. 1234 bei der XY-Bank in Mannheim.

6. Alternative zur gerichtlichen Auseinandersetzung: Mediation im Erbrecht

Eine weitere Möglichkeit, eine gerichtliche Auseinandersetzung der Erbengemeinschaft zu vermeiden, ist der Versuch, die Auseinandersetzung im Rahmen einer Mediation vorzunehmen. Grundlegende Voraussetzung hierfür ist, dass sämtliche Miterben hierzu bereit sind, da das Mediationsverfahren ein freiwilliges Verfahren ist.

Mediation ist ein strukturiertes Verfahren in dem die Konfliktparteien (Mitglieder der Erbengemeinschaft) unter der Anleitung eines Mediators eine eigene, zufriedenstellende Lösung erarbeiten. Der Vorteil des Mediationsverfahrens ist, dass die Konfliktparteien gemeinsam an einer für sie guten Lösung arbeiten. Hierfür ist Voraussetzung, dass die Gesprächsebene, sofern hier Störungen bestehen, wieder hergestellt wird. Ferner haben die Medianten Gelegenheit, ihre Interessen und Bedürfnisse zu den jeweiligen Themen zu äußern, die im Rahmen einer guten Lösung Berücksichtigung finden. Die rechtliche Grundlage für die Mediation bildet das am 26.7.2012 in Kraft getretene Mediationsgesetz.

Vorteil der Mediation ist, dass langwierige Gerichtsverfahren vermieden werden können. Die rechtliche Informiertheit sollte allerdings unbedingt Bestandteil des Mediationsprozesses sein.

Es besteht seitens der Medianten die Möglichkeit, externe Rechtsanwälte oder Steuerberater zu kontaktieren und die Ergebnisse in die Mediation einzubringen. Es können auch externe Experten in die Mediationssitzung für die Darstellung der rechtlichen Gesichtspunkte eingeladen werden.

Nur wenn die Medianten umfassend und vollständig über die tatsächlichen und rechtlichen Gegebenheiten ihres Falles informiert sind, ist im Ergebnis eine für sie zufriedenstellende und gute Lösung möglich.

Auch wenn bereits ein gerichtliches Verfahren anhängig ist, ist eine Mediation noch möglich. Das gerichtliche Verfahren kann für den Zeitraum der Mediation für ruhend erklärt oder ausgesetzt werden.

Manche Gerichte haben Mediationsrichter eingesetzt. Der Fall wird, sofern die Beteiligten damit einverstanden sind, innerhalb des gerichtlichen Verfahrens von dem zuständigen Richter an den Mediationsrichter abgegeben. Wird in der Mediationssitzung eine Lösung gefunden, wird das Verfahren beendet. Scheitert die Mediation, wird das Verfahren wieder von dem Mediationsrichter an den zuständigen Richter abgegeben und findet dort seinen Fortgang.

5. Kapitel

Die gewillkürte Erbfolge

I. Allgemeines

Der Erblasser kann die Erbfolge nach sich durch Verfügung von Todes wegen selbst bestimmen. In der Verfügung von Todes wegen kann der Erblasser anordnen, welcher Teil seines Vermögens an welche Person oder Institutionen fallen soll. Erhält eine Person das Vermögen des Erblassers als Ganzes, so ist diese Person Alleinerbe. Sollen mehrere Personen das Vermögen des Erblassers als Ganzes erhalten, so sind sie Miterben. Sie bilden eine sog. Erbengemeinschaft. Der Erblasser kann sein Vermögen aber auch mehreren Personen zeitlich nacheinander zuwenden, indem er eine Vor- und Nacherbschaft anordnet.

II. Welche Arten von Verfügungen von Todes wegen gibt es?

Verfügungen von Todes wegen sind das Testament und der Erbvertrag. Bei Testamenten unterscheidet man das Einzeltestament, in welchem nur eine Person ihren letzten Willen niederlegt, vom sog. gemeinschaftlichen Testament. Das gemeinschaftliche Testament enthält in einer Urkunde die letztwilligen Verfügungen mehrerer

Personen, nämlich die von beiden Ehepartnern. Die Möglichkeit zur Errichtung eines gemeinschaftlichen Testaments hat der Gesetzgeber allerdings Eheleuten und Partnern einer eingetragenen Lebenspartnerschaft vorbehalten. Während Testamente auch durch eigenhändige Schrift des Erblassers errichtet werden können, bedürfen Erbverträge stets der Beurkundung durch einen Notar.

III. Wie errichte ich ein Testament?

Ein Testament kann grundsätzlich auf zwei verschiedene Arten errichtet werden. Zum einen kann man ein Testament zur Niederschrift eines Notars, d h. also in notarieller Form, erklären oder aber durch eigene handschriftliche Niederlegung. Bei einem notariellen Testament fertigt der Notar die Testamentsurkunde und verliest sie dem Erblasser, der dann die Urkunde unterzeichnen muss. Bei einem eigenhändigen Testament muss der Erblasser selbst das Testament insgesamt handschriftlich niederlegen und dann mit Angabe von Zeit und Ort unterschreiben. Dabei sollte berücksichtigt werden, dass der Erblasser mit Vornamen und Familiennamen unterzeichnet.

IV. Welchen Inhalt hat eine Verfügung von Todes wegen?

Verfügungen von Todes wegen sollten in erster Linie Erbeinsetzungen enthalten. Der Erblasser kann auch festlegen, welche Person auf keinen Fall Erbe werden soll (Enterbung).

Neben der Einsetzung einer Person zum Erben, kann der Erblasser sein Vermögen durch Anordnung von Vermächtnissen oder Auflagen verteilen (zu speziellen Gestaltungen bezüglich Erbengemeinschaften siehe unten).

Auch kann in der Verfügung von Todes wegen gegebenenfalls eine Rechtswahl getroffen werden.

1. Die Erbeinsetzung

In erster Linie wird eine Verfügung von Todes wegen errichtet, wenn der Erblasser seine Erben selbst bestimmen und den Eintritt der gesetzlichen Erbfolge verhindern will. Man unterscheidet hierbei die Einsetzung einer Person zum unbeschränkten Erben von der Anordnung einer Vor- und Nacherbschaft.

Der Erblasser, der sein Vermögen in der Familie gebunden sehen will, wird sich für die Vor- und Nacherbfolge entscheiden, mit welcher mehrere Personen nacheinander zu Erben eingesetzt werden. Die Person, die zuerst erben soll, wird als Vorerbe bezeichnet. Zum Nacherben wird derjenige eingesetzt, dem die Erbschaft nach dem Vorerben zufallen soll. Der Nacherbe ist also nicht Erbe des Vorerben, sondern ebenfalls Erbe des Erblassers. Mit der Anordnung einer Vor- und Nacherbschaft erreicht der Erblasser, dass der Nachlass auch für die Zukunft der Familie erhalten bleibt. Der Vorerbe kann keinen Einfluss darauf nehmen, wohin das Vermögen, das ihm kraft Erbfall zugefallen ist, bei Eintritt des Nacherbfalles weitergeleitet wird. Dies bestimmt allein der Erblasser. Der Nacherbfall tritt, sofern der Erblasser keine andere Regelung getroffen hat, mit dem Tod des Vorerben ein.

Setzt der Erblasser eine Person zum unbeschränkten Erben ein, so verschmilzt das Eigenvermögen des Erben mit dem Erbvermögen zu einer einheitlichen Masse. Wünscht der Erblasser diese Vereinheitlichung der Vermögensmassen, so sollte er dies in seiner Verfügung von Todes wegen klarstellen, indem er den zum Erben Berufenen zum Vollerben einsetzt. Es ist auch sinnvoll Ersatzerben zu benennen für den Fall, dass ein potentieller Erbe vor dem Erblasser verstirbt.

Formulierungsbeispiel für die Bestimmung eines Vollerben:

Ich, Karl Schmidt, setze zu meinen Erben meine beiden Kinder zu jeweils gleichen Teilen ein. Eine Nacherbfolge ist nicht bestimmt. Meine Kinder sind daher unbeschränkte Vollerben meines Vermögens. Ersatzerben sind die Abkömmlinge meiner Kinder nach den Regeln der gesetzlichen Erbfolge.

Die Bestimmung eines Erben kann auch unter einer Bedingung oder Befristung erfolgen.

Möglich ist auch, im Testament lediglich festzulegen, welcher der gesetzlichen Erben auf keinen Fall zur Erbfolge gelangen soll.

2. Rechtswahl

Sofern der Erblasser dauerhaft im europäischen Ausland lebt bzw. dort seinen gewöhnlichen Aufenthalt hat, kann er nach der Europäischen Erbrechtsverordnung durch Verfügung von Todes wegen eine Rechtswahl treffen, wodurch er bestimmen kann, welches Recht bei seinem Tod Anwendung finden soll. Die hierfür erforderlichen Formvorschriften richten sich nach dem Recht, das dem gewöhnlichen Aufenthalt des Erblassers unterliegt. Auch in anderen Ländern ist unter Umständen eine Rechtswahl möglich. Dies bedarf der konkreten Prüfung im Einzelfall.

Formulierungsbeispiel für eine Rechtswahl nach der EU-Erbrechtsverordnung:

> Ich besitze die deutsche Staatsangehörigkeit. Ich unterstelle meinen gesamten Nachlass dem deutschen Recht.

3. Gemeinschaftliches Testament

Ein gemeinschaftliches Testament kann nur von Ehepartnern oder Partnern einer eingetragenen Lebenspartnerschaft errichtet werden. Zur Errichtung eines gemeinschaftlichen eigenhändigen Testaments sind die Formvorschriften des § 2247 BGB zu beachten, wobei es ausreichend ist, wenn einer der Ehegatten das Testament in der dort vorgeschriebenen Form errichtet und der andere Ehegatte die gemeinschaftliche Erklärung eigenhändig unterzeichnet. Der mitunterzeichnende Ehegatte soll angeben, zu welcher Zeit (Tag, Monat, Jahr) und an welchem Ort er seine Unterschrift beigefügt hat.

a) Wechselbezügliche Verfügungen

Wechselbezügliche Verfügungen in einem gemeinschaftlichen Testament sind diejenigen Verfügungen, die ein Ehegatte oder Lebenspartner nicht ohne die Verfügung des anderen getroffen hätte, bei der also aus dem Zusammenhang des Motivs heraus eine innere Abhängigkeit zwischen den einzelnen Verfügungen derart besteht, dass die Verfügung des einen Ehegatten oder Lebenspartners gerade deshalb getroffen wurde, weil auch der andere Partner eine bestimmte Verfügung getroffen hat, wenn also nach dem Willen der gemeinschaftlich Testierenden die eine Verfügung mit der anderen stehen und fallen soll.

Bei Unklarheiten in den jeweiligen Verfügungen eines gemeinschaftlichen Testaments, ob diese wechselbezüglich sein sollen oder nicht, muss für jede einzelne Verfügung durch individuelle Auslegung nach den allgemeinen Grundsätzen, auch durch ergänzende Auslegung das Bestehen oder Nichtbestehen der Wechselbezüglichkeit ermittelt werden.

Hinweis

In einem gemeinschaftlichen Testament sollte daher klargestellt werden, ob die jeweiligen Verfügungen wechselbezüglich und bindend sein sollen oder ob dem überlebenden Ehegatten oder Lebenspartner die Möglichkeit, in Teilen anders oder insgesamt neu zu testieren, eingeräumt wird.

Eine wechselbezügliche Verfügung in einem gemeinschaftlichen Testament kann nach § 2271 BGB zu Lebzeiten der Ehegatten nach den für den Rücktritt von einem Erbvertrag geltenden Vorschrift des 2296 BGB widerrufen werden. Nach dem Tod des Erstversterbenden erlischt das Recht zum Widerruf. Der Überlebende kann seine Verfügungen nach § 2253 ff. BGB aufheben, wenn er das ihm Zugewendete vorher wirksam ausgeschlagen hat. Gegebenenfalls ist auch eine Doppelausschlagung (gewillkürte Erbfolge und gesetzliche Erbfolge) erforderlich.

Hinweis

Wird die Ausschlagung des Zugewendeten tatsächlich in Betracht gezogen, sollte auf jeden Fall zeitnah anwaltlicher Rat eingeholt werden, damit zum einen die kurze Ausschlagungsfrist nicht versäumt und zum anderen die Konsequenzen der Ausschlagung in wirtschaftlicher Sicht überprüft werden, sofern dies schon möglich ist.

Formulierungsbeispiel für ein gemeinschaftliches Berliner Testament (Einheitslösung):

Gemeinschaftliches Testament

Wir, die Eheleute Peter Mustermann, geb. am ... in ..., und Paula Mustermann, geborene ..., geb. am ... in ..., errichten das nachfolgende gemeinschaftliche Testament.

Wir sind beide deutsche Staatsangehörige. Weitere Staatsangehörigkeiten hat keiner von uns. Über Vermögen im Ausland verfügen wir nicht. Wir leben im gesetzlichen Güterstand der Zugewinngemeinschaft. (Alternativ falls zutreffend: Wir haben durch Ehevertrag vom ... vor dem Notar ... den gesetzlichen Güterstand aufgehoben und den Güterstand der Gütertrennung vereinbart).

Wir sind nicht durch einen Erbvertrag oder durch ein gemeinschaftliches Testament daran gehindert, die nachfolgenden Verfügungen von Todes wegen zu treffen.

Widerruf früherer Verfügungen von Todes wegen

Wir widerrufen höchst vorsorglich sämtliche von uns bisher errichteten Verfügungen von Todes wegen, unabhängig davon, ob sie einseitig oder vertragsmäßig getroffen wurden.

Erbeinsetzung für den ersten Erbfall

Wir setzen uns gegenseitig zu alleinigen Vollerben unseres gesamten Vermögens ein.

Erbeinsetzung beim Tod des längerlebenden Ehegatten

Zu Schlusserben des Längerlebenden von uns bestimmen wir unsere gemeinschaftlichen Kinder Lea, geb. am ... in ..., wohnhaft derzeit ..., und Paul, geb. am ... in ..., wohnhaft derzeit ..., zu jeweils gleichen Teilen. Zu Ersatzerben bestimmen wir die Abkömmlinge unserer gemeinschaftlichen Kinder nach den Regeln der gesetzlichen Erbfolgenordnung, wiederum ersatzweise soll Anwachsung – zunächst innerhalb eines Stammes – eintreten.

Wechselbezüglichkeit

Die in unserem Testament getroffenen Verfügungen des Ehemannes und der Ehefrau sollen sowohl für den ersten als auch für den zweiten Todesfall hinsichtlich der Erbeinsetzung wechselbezüglich und bindend (alternativ: nicht wechselbezüglich und bindend sein – hier sind auch Regelungen hinsichtlich einzelner testamentarischerVerfügungen möglich).

Anfechtungsverzicht nach § 2079 BGB

Wir verzichten auf das uns zustehende Anfechtungsrecht nach § 2079 BGB für den Fall des Hinzutretens oder Vorhandenseins weiterer Pflichtteilsberechtigter. Die in diesem Testament für den ersten und zweiten Todesfall getroffenen Verfügungen sollen also auch dann wirksam sein, wenn weitere Pflichtteilsberechtigte vorhanden sind oder noch hinzutreten, insbesondere auch dann, wenn sich der überlebende Ehegatte wiederverheiratet. Insoweit ist auch ein Anfechtungsrecht Dritter ausgeschlossen.

Pflichtteilsklausel

Macht einer unserer Abkömmlinge nach dem Tod des Erstversterbenden entgegen dem Willen des Überlebenden seinen Pflichtteil geltend und erhält er ihn auch, dann entfällt hinsichtlich dieses Abkömmlings die Bindungswirkung des überlebenden Ehegatten bezüglich der Verfügungen für den zweiten Todesfall.

Gleichzeitiges Versterben

Für den Fall, dass wir tatsächlich gleichzeitig versterben oder ein gleichzeitiges Versterben vermutet wird, wird jeder von uns entsprechend der Schlusserbeneinsetzung für den zweiten Todesfall mit allen dort angeordneten Vermächtnissen, Auflagen oder der angeordneten Testamentsvollstreckung beerbt.

Regelungen für den Fall der Ehescheidung

Für den Fall, dass unsere Ehe/Lebenspartnerschaft vor dem Tode eines Ehegatten/Lebenspartners aufgelöst oder Klage auf Aufhebung erhoben oder der Scheidungsantrag bei Gericht anhängig gemacht wurde, oder im Falle der Zustimmung zur Scheidung durch den Erblasser selbst, sollen alle unsere letztwilligen Verfügungen, sowohl für den ersten als auch für den zweiten Todesfall, insgesamt ihrem gesamten Inhalt nach unwirksam sein, und zwar unabhängig davon, wer von uns beiden den Antrag auf Scheidung gestellt oder Klage auf Aufhebung erhoben hat, und unabhängig davon, ob es sich um Zuwendungen untereinander oder um Zuwendungen zugunsten Dritter sowie wechselbezügliche oder nicht wechselbezügliche Verfügungen handelt. Der jeweils andere Ehegatte soll in diesen Fällen weder testamentarischer noch gesetzlicher Erbe werden. Gleiches gilt auch für Verfügungen von Todes wegen, die wir jeweils vor unserer Eheschließung getroffen haben.

Ort, Datum, Unterschrift

Das ist auch mein letzter Wille.

Ort, Datum, Unterschrift

Das vorbezeichnete Beispiel stellt einen Formulierungsvorschlag eines gemeinschaftlichen Testaments nach der Einheitslösung dar. Unter den jeweiligen Einzelpunkten sind auch ergänzende und abweichende Formulierungen und Regelungen, wie beispielsweise eine Wiederverheiratungsklausel, möglich. Eine ausführliche Darstellung würde allerdings den Rahmen dieses Ratgebers sprengen. Möglich ist auch in einem gemeinschaftlichen Testament die Trennungslösung zu wählen. Hierbei setzen sich die Ehegatten in der Regel zu Vorerben und die Kinder oder Dritte zu Nacherben des Längerlebenden ein. Auf jeden Fall sollte man für die Errichtung eines gemeinschaftlichen Testaments einen Rechtsanwalt und auch gegebenenfalls einen Steuerberater zur Überprüfung der steuerrechtlichen Gesichtspunkte zu Rate ziehen, damit letztlich auf die jeweilige individuelle Nachlasskonstellation eine optimale Regelung für die Erblasser gefunden werden kann.

b) Was passiert bei Trennung der Eheleute?

Der Umstand, dass die Eheleute getrennt voneinander leben, hat keinerlei Auswirkung auf das gesetzliche Erbrecht und das Pflichtteilsrecht der Eheleute. Auch beeinflusst das Getrenntleben der Eheleute eine bereits errichtete letztwillige Verfügung zugunsten des anderen Ehegatten nicht. Der Ehegatte kann eine Teilhabe des getrennt lebenden Ehegatten am Nachlass vermeiden, indem er nach § 1938 BGB ein sog. negatives Testament errichtet und hierdurch den anderen Ehegatten von der Erbfolge ausschließt. Ein einseitiges, den Ehegatten begünstigendes Testament kann nach § 2254 ff. BGB widerrufen werden. Ferner können die in einem gemeinschaftlichen Ehegattentestament zugunsten des anderen Ehegatten errichteten Verfügungen nach § 2271 BGB widerrufen werden. Sofern ein Rücktrittsrecht in einem Erbvertrag vorbehalten wurde, kann von diesem nach §§ 2296, 2297 BGB Gebrauch gemacht werden. Hat sich der Erblasser den Rücktritt vom Erbvertrag nicht vorbehalten, kann er diesen gemäß § 2281 BGB anfechten und zwar mit der Begründung, der Erblasser habe bei Errichtung des Erbvertrages nicht damit gerechnet, dass die bedachte Person (Ehegatte) die Zerrüttung der Ehe verursachen wird.

> **Hinweis**
>
> Durch die Beseitigung der letztwilligen Verfügung kann das gesetzliche Erbrecht wieder aufleben. Das Pflichtteilsrecht bleibt auf jeden Fall bestehen. Dieses kann letztlich durch einen Pflichtteilsverzichtsvertrag ausgeschlossen werden. Der Pflichtteilsverzichtsvertrag bedarf der notariellen Form.

c) Was passiert, wenn der Scheidungsantrag dem anderen Ehegatten vom Gericht zugestellt wird?

Bevor die Eheleute rechtskräftig geschieden sind, ist das gesetzliche Erbrecht des Ehegatten nach § 1933 BGB nur dann ausgeschlossen, wenn der Erblasser die Ehescheidung beantragt oder ihr zugestimmt hatte und im Zeitpunkt des Todes des Erblassers die Voraussetzungen für die Ehescheidung vorlagen. Entscheidend ist, dass der Scheidungsantrag dem anderen Ehegatten durch das Gericht zugestellt wurde. Liegen diese Voraussetzungen vor, kann der überlebende Ehegatte auch keinen Pflichtteil mehr verlangen, da er dann nicht mehr von der gesetzlichen Erbfolge ausgeschlossen werden konnte (§ 2303 Abs. 2 S. 1 BGB). Sind die Voraussetzungen des § 1933 BGB erfüllt, hat dies auch zur Folge, dass Verfügungen zugunsten eines Ehegatten in einem einseitigen Testament unwirksam sind. Dies ergibt sich aus § 2077 Abs. 1 BGB.

Für gemeinschaftliche Testamente verweist § 2268 Abs. 1 BGB ebenfalls auf § 2077 Abs. 1 S. 2 BGB. Danach ist das gemeinschaftliche Testament bei Vorliegen der Voraussetzungen der Ehescheidung und Stellung des Scheidungsantrages durch den Erblasser (Rechtshängigkeit) bzw. dessen Zustimmung zur Ehescheidung unwirksam. Erbvertragliche Zuwendungen sind nach § 2279 Abs. 2 BGB i.V.m. § 2077 Abs. 1 S. 2 BGB unter den gleichen Voraussetzungen ebenfalls unwirksam.

Zu beachten ist jedoch, dass nach § 2077 Abs. 3 BGB bei einseitigen Testamenten und Erbverträgen sowie nach § 2268 Abs. 2 BGB bei gemeinschaftlichen Testamenten der Wegfall der letztwilligen Verfügung nur zum Tragen kommt, wenn nicht angenommen werden kann, dass der Erblasser die letztwillige Verfügung auch für den Fall der Ehescheidung getroffen hat. In diesem Zusammenhang sind klarstellende Anordnungen in der letztwilligen Verfügung ratsam.

Formulierungsbeispiel für ein gemeinschaftliches Testament:

Die von uns in dieser letztwilligen Verfügung getroffenen Verfügungen sollen nur dann gelten, wenn unsere Ehe zum Zeitpunkt des Todes des erstversterbenden Ehegatten noch besteht. Unsere letztwilligen Verfügungen sollen keinen Bestand haben, wenn einer der Ehegatten Antrag auf Ehescheidung gestellt hat und zum Zeitpunkt des Todes eines Ehegatten die materiell-rechtlichen Voraussetzungen der Ehescheidung gegeben waren oder ein Ehegatte die Auflösung der Ehe beantragt hat.

Hinweis

Um das gesetzliche Erbrecht des Ehegatten im Rahmen des Ehescheidungsverfahrens auszuschließen, ist zur Sicherheit immer auch ein eigener Ehescheidungsantrag zu stellen, da ansonsten das Ehegattenerbrecht des anderen Ehegatten durch Rücknahme des Ehescheidungsantrags bestehen bleiben kann.

d) Kann das gemeinschaftliche Testament nach rechtskräftiger Ehescheidung weiterhin Bestand haben?

Bei wechselbezüglichen Anordnungen in einem gemeinschaftlichen Testament können diese auch über die Ehescheidung hinaus Bestand haben, wenn ein entsprechender Fortgeltungswille der Ehegatten im Sinne des § 2268 Abs. 2 BGB bei Errichtung der letztwilligen Verfügung festgestellt werden kann. Derartige wechselbezügliche Verfügungen, die nach § 2268 Abs. 2 BGB fortgelten, können nur nach den Vorschriften für den Rücktritt beim Erbvertrag widerrufen werden.

Daher gilt das oben Gesagte, dass in dem gemeinschaftlichen Testament eine Regelung für den Fall der Anhängigkeit eines Scheidungsverfahrens oder der Klage auf Aufhebung der Ehe zu treffen ist (vgl. Formulierungsbeispiel für ein gemeinschaftliches Testament).

4. Was ist ein Vermächtnis?

Wie eingangs erläutert, tritt der Erbe unmittelbar in die Fußstapfen des Erblassers und erhält als sein Rechtsnachfolger den gesamten Nachlass und somit das gesamte Vermögen. Diese Bestimmung des Erben kann der Erblasser im Testament vornehmen, tut er es nicht, bestimmt das Gesetz, wer gesetzlicher Erbe wird. Vererbt wird daher grundsätzlich nicht ein einzelner Gegenstand, den der Erblasser besitzt, sondern sein Vermögen im Ganzen. Will der Erblasser nunmehr einzelne Gegenstände bestimmten Personen zuordnen, so kann er dies durch eine testamentarische Bestimmung in Form eines Vermächtnisses tun. Der klassische Fall ist, dass der Erblasser beispielsweise seine Kinder zu Erben bestimmt und seinem Freund vermächtnisweise das Motorrad zuwendet. Dies führt dazu, dass die Kinder als Erben grundsätzlich den gesamten Nachlass des Erblassers erhalten, das Motorrad aber in Erfüllung des Vermächtnisses an den Freund herausgeben müssen. Mit solchen Vermächtnisregelungen kann der Erblasser daher eine Verteilung seines Vermögens im Detail regeln. Er kann daher abweichend von der globalen Erbeinsetzung einzelne Nachlassgegenstände an einzelne oder mehrere Personen zuwenden. Der Vermächtnisnehmer erhält daher exakt den Gegenstand, den der Erblasser ihm vermächtnisweise zugewandt hat.

Formulierungsbeispiel für eine vermächtnisweise Anordnung:

Testament

Ich, Peter Peterson, bestimme hiermit, dass mein Sohn Hubert Peterson im Wege des Vermächtnisses meinen Pkw der Marke … mit dem amtlichen Kennzeichen … erhält.

Ort, Datum, Unterschrift

Formulierungsbeispiel für eine Erbeinsetzung und ein Vermächtnis:

Testament

Ich, Peter Peterson, bestimme zu meinem Erben meinen Sohn Hubert Peterson und meine Tochter Erika Peterson.

> Mein Sohn Hubert Peterson erhält im Wege des Vermächtnisses meinen Pkw der Marke ... mit dem amtlichen Kennzeichen ...
>
> Ort, Datum, Unterschrift

Durch die Anordnung eines Vermächtnisses kann der Erblasser also einzelne Nachlassgegenstände einer bestimmten Person zuwenden. Der Vermächtnisnehmer erhält gegenüber dem Erben einen Anspruch auf Erfüllung seines Vermächtnisses. Er wird nicht, wie der Erbe, unmittelbar mit dem Erbfall Rechtsnachfolger des Erblassers. Erhält ein Erbe zusätzlich zu seinem Erbteil ein Vermächtnis, dann handelt es sich um ein Vorausvermächtnis.

5. Was ist eine Auflage?

Im Gegensatz zum Vermächtnis kann der Erblasser mit einer Auflage eine Person zu einem bestimmten Tun oder Unterlassen verpflichten (z.B. Verpflichtung zur Grabpflege), ohne einem anderen einen Anspruch auf die Begünstigung zuzuwenden. Die Zuwendung eines Vermögensvorteils ist nicht erforderlich. Der durch die Auflage Begünstigte hat keinen Vollziehungsanspruch, d.h. er kann die Erfüllung der Auflage nicht gerichtlich durchsetzen.

Formulierungsbeispiel für eine Auflage:

> **Testament**
> Ich, Susanne Suter, belaste meine gesetzlichen Erben mit der Auflage, meinem Lebensgefährten Ludwig jährlich zu meinem Todestag einen Anstandsbesuch abzuhalten.
>
> Ort, Datum, Unterschrift

6. Was kann noch angeordnet werden?

Eine Verfügung von Todes wegen kann auch Bestimmungen über die Verwaltung oder Verteilung des Nachlasses beinhalten. Der Erblasser kann die Verwaltung des Nachlasses in die Hände eines Testamentsvollstreckers legen. In der Regel hat der Testamentsvollstrecker die Aufgabe, die Auseinandersetzung des Nachlasses herbeizuführen, angeordnete Vermächtnisse zu erfüllen oder die Vollziehung von Auflagen zu überwachen. Hat der Erblasser mehrere Personen zu Erben eingesetzt, kann er die Auseinandersetzung der Erbengemeinschaft (Teilung des Nachlasses unter den zu Erben berufenen Personen) für einen Zeitraum von bis zu 30 Jahren ausschließen. Mit Hilfe von Teilungsanordnungen kann der Erblasser sicherstellen, dass einer der Erben einen bestimmten Gegenstand aus seinem Nachlass in Anrechnung auf seinen Erbteil erhält. Teilungsanordnungen sind nicht zu verwechseln mit sog. Vorausvermächtnissen, bei welchen der Erbe zusätzlich zu seinem Erbteil einen bestimmten Gegenstand vorab aus dem Nachlass erhält.

a) Die Teilungsanordnung

Die Teilungsanordnung (§ 2048 BGB) verpflichtet die Erbengemeinschaft im Rahmen der Erbauseinandersetzung eine entsprechende Zuwendung des Nachlassgegenstandes an den bedachten Miterben im Teilungsplan vorzusehen. Wertmäßig führt die Teilungsanordnung aber nicht dazu, dass der bedachte Miterbe besser gestellt ist, als die übrigen Miterben, da er sich den zugewandte Gegenstand auf den Erbteil anrechnen lassen muss. Die Teilungsanordnung führt daher nicht zu einer wertmäßigen Besserstellung eines Bedachten (will der Erblasser dies erreichen, so muss er dies durch Vorausvermächtnis tun, vgl. unten).

BEISPIEL: Der Erblasser hinterlässt ein Vermögen von 500.000 Euro und seine beiden Kinder S und T. S und T sind im Testament zu je $1/2$ Erbteil eingesetzt. Ferner hat der Erblasser bestimmt, dass S das Haus in Bonn, welches einen Wert von 200.000 Euro hat, durch Teilungsanordnung erhält. Das restliche Vermögen ist Geldvermögen bei der Bank.

Lösung: Im Rahmen der Auseinandersetzung der Erbengemeinschaft wird das Hausanwesen in Bonn auf S übertragen. Zusätzlich bekommt er vom Geldvermögen einen Betrag von 50.000 Euro, sodass er insgesamt einen wertmäßigen Anteil am Nachlass von $1/2$ erhält, was seiner Erbquote entspricht (Nachlass 500.000 Euro hieraus $1/2$ = 250.000 Euro abzüglich des Wertes des Hauses von 200.000 Euro verbleiben 50.000 Euro).

An eine Teilungsanordnung ist der bedachte Miterbe grundsätzlich gebunden, d.h., er muss sie befolgen. Im obigen Beispiel kann S nicht nur verlangen, dass ihm das Hausanwesen im Rahmen der Auseinandersetzung der Erbengemeinschaft zugewiesen wird, sondern er ist sogar verpflichtet, das Hausanwesen zu übernehmen. Lediglich wenn die anderen Erben zustimmen, kann einvernehmlich eine andere Regelung getroffen werde. Strittig ist aber, ob eine solche Verpflichtung auch dann besteht und eine entsprechende Durchführung der Teilungsanordnung erzwungen werden kann, wenn der Wert des zugewandten Gegenstandes über den Wert der Erbquote des entsprechenden Miterben hinausgeht. Dies hätte zwangsläufig zur Folge, dass der Miterbe aus seinem Eigenvermögen einen Wertausgleich in den Nachlass zahlen müsste.

BEISPIEL – Abwandlung: Der Erblasser hinterlässt ein Vermögen von 500.000 Euro und seine beiden Kinder S und T. S und T sind im Testament zu je $1/2$ Erbteil eingesetzt. Ferner hat der Erblasser bestimmt, dass S das Haus in Bonn, welches einen Wert von 400.000 Euro hat, durch Teilungsanordnung erhält. Das restliche Vermögen ist Geldvermögen bei der Bank.

Lösung: Im Rahmen der Auseinandersetzung der Erbengemeinschaft wird das Hausanwesen in Bonn auf S übertragen. Allerdings steht ihm wertmäßig nur ein Anteil von 250.000 Euro zu, sodass er einen Betrag von 150.000 Euro an seine Schwester T auszahlen muss (Wert Haus 400.000 Euro abzüglich Wert des Erbteils 250.000 Euro = 150.000 Euro).

Mit der Teilungsanordnung kann der Erblasser daher einzelne Nachlassgegenstände einem Miterben zuwenden, ohne dass dieser wertmäßig mehr erhält als seine Erbquote. Die Miterben sind dann grundsätzlich an diese Teilungsanordnung gebunden und können sich nur einvernehmlich darüber hinwegsetzen. Will der Erblasser auch dies verhindern, dann kann er einen Testamentsvollstrecker bestimmen, der die Teilungsanordnung erfüllt und verhindert, dass es zu einer anderen Auseinandersetzung unter den Miterben kommt. Da auch oftmals Streitigkeiten unter den Erben bezüglich der Bewertung der einzelnen Nachlassgegenstände bestehen, sollte im Testament entweder bestimmt werden, mit welchem Wert der durch Teilungsanordnung zugewiesene Gegenstand angesetzt werden soll, oder es sollte ein Schiedsgutachter bestimmt werden, der den Wert verbindlich festgelegt.

Formulierungsbeispiel für ein Testament mit Teilungsanordnungen und Schiedsgutachterbestimmung:

Testament

Ich, …, geb. am … in …, derzeit wohnhaft …, widerrufe alle meine bisherigen Verfügungen von Todes wegen in vollem Umfang und erkläre, dass ich nicht durch ein bindend gewordenes Testament oder einem Erbvertrag an der Errichtung dieser Verfügung von Todes wegen gehindert bin.

Ich setze meine Abkömmlinge …, geb. am … in …, derzeit wohnhaft …, und …, geb. am … in …, derzeit wohnhaft …, zu meinen Vollerben zu jeweils gleichen Teilen ein. Für den Fall, dass die von mir bestimmten Erben vor oder nach Eintritt des Erbfalls wegfallen, bestimme ich die Abkömmlinge meiner Kinder zu Ersatzerben nach den Regeln der gesetzlichen Erbfolge.

Für die Auseinandersetzung des Nachlasses und die Aufhebung der Erbengemeinschaft, wobei ich eine Teilerbauseinandersetzung ausdrücklich ausschließe, bestimme ich folgende Anordnungen:

Mein Sohn …, geb. am … in …, erhält im Wege der Teilungsanordnung und somit in Anrechnung auf seinen Erbteil bzw. das ihm zustehende Auseinandersetzungsguthaben mein Wertpapierdepot Nr. … bei der … Bank in ….

Mein Sohn …, geb. am … in …, erhält im Wege der Teilungsanordnung und somit in Anrechnung auf seinen Erbteil bzw. das ihm zustehende Auseinandersetzungsguthaben meine Immobilie in …, eingetragen im Grundbuch von …, Flurstück-Nr. ….

Zeitpunkt für die Bewertung der jeweiligen Gegenstände ist der der Erbauseinandersetzung. Für die Auseinandersetzung der Erbengemeinschaft ordne ich im Übrigen Testamentsvollstreckung an. Zum Testamentsvollstrecker bestimme ich …, wohnhaft in …, ersatzweise, für den Fall, dass der Testamentsvollstrecker vor oder nach Annahme des Amtes entfällt, soll das Nachlassgericht einen geeigneten Testamentsvollstrecker bestimmen.

Der Testamentsvollstrecker hat neben der Abwicklung des Nachlasses und der Aufteilung entsprechend der oben angeordneten Teilungsanordnungen die Aufgabe, den Wert der durch Teilungsanordnung zugewandten Gegenstände (als Schiedsgutachter) festzusetzen oder durch einen Sachverständigen feststellen zu lassen.

Ort, Datum, Unterschrift

b) Das Vorausvermächtnis

Das Vorausvermächtnis (§ 2150 BGB) bietet dem Erblasser die Möglichkeit, bestimmte Nachlassgegenstände bestimmten Miterben zuzuordnen. Diese Miterben erhalten dann den Gegenstand aus dem Nachlass bereits im Voraus, also vor der eigentlichen Aufteilung des Nachlasses. Mit dem Vorausvermächtnis kann des Weiteren aber auch ein Streit über die Bewertung einzelner Nachlassgegenstände vermieden werden. Die sich bei der Zuwendung eines Nachlassgegenstandes durch Teilungsanordnung ergebende Schwierigkeit, dass eine Bewertung eines Nachlassgegenstandes im Hinblick auf die Anrechnung auf den Erbteil erfolgen muss, besteht dann nicht, wenn der Erblasser einem Miterben den Gegenstand durch Vorausvermächtnis zuwendet. Bei einem Vorausvermächtnis erfolgt nämlich keine Anrechnung auf den Erbteil, sodass aus diesem Grund keine Bewertung des Nachlassgegenstandes erfolgen muss. Darüber hinaus steht der Anspruch dem vermächtnisweise bedachten Miterben auch schon dann zu, wenn eine Teilungsreife des Nachlasses nicht gegeben ist, eine Auseinandersetzung der Erbengemeinschaft also noch nicht erfolgen kann.

Das Vorausvermächtnis stellt eine Nachlassverbindlichkeit im Sinne des § 1967 Abs. 2 BGB dar. Neben dem Vorausvermächtnis erhält der bedachte Miterbe dann im Rahmen der Erbauseinandersetzung einen seiner Quote entsprechenden Miterbenanteil am Nachlass. Der Miterbe, der eine Zuwendung aus dem Nachlass durch Vorausvermächtnis erhält, wird daher besser gestellt, als wenn die Zuwendung durch Teilungsanordnung erfolgt. Anwendung findet das Vorausvermächtnis daher dann, wenn einem Miterben ein Nachlassgegenstand zugewendet und insoweit auch eine wertmäßige Besserstellung gegenüber anderen Miterben erfolgen soll.

c) Unterscheidung zwischen Teilungsanordnung und Vorausvermächtnis

Da es gerade bei Testamenten, die ohne juristischen Rat erstellt werden, zu einer Verteilung einzelner Nachlassgegenstände kommt, ohne dass der Erblasser die Art der Zuwendung näher bestimmt, hat die Frage der Abgrenzung des Vorausvermächtnisses von der

Teilungsanordnung erhebliche Bedeutung in der Praxis. Nicht selten enthält das Testament nämlich die Formulierung, dass beispielsweise eines der Kinder das Hausanwesen, das andere die Eigentumswohnung und ein weiteres Kind möglicherweise das Konto bei der Bank erhält.

Achtung! So nicht!

Testament
Meine Kinder Petra und Peter erben zu gleichen Teilen.
Mein Sohn Peter erhält mein Auto,
meine Tochter Petra erhält die Eigentumswohnung in Berlin ...

So sollte ein Testament letztlich nicht abgefasst werden. Hier stellt sich nämlich die Frage, ob der Erblasser seine Kinder gleich bedenken wollte, sodass die Zuwendungen jeweils Teilungsanordnungen mit einer Anrechnungspflicht auf den Erbteil darstellen, oder ob der Erblasser die Gegenstände den Kindern ohne Anrechnung auf den Erbteil, also durch Vorausvermächtnis und mit der Folge einer möglichen wertmäßigen Besserstellung zuwenden wollte. Im Ergebnis macht dies einen erheblichen Unterschied.

BEISPIEL: Nimmt man einmal an, dass das Auto einen Wert von 20.000 Euro, die Eigentumswohnung von 80.000 Euro und dass das restliche Vermögen ein Geldvermögen von 200.000 Euro darstellt, dann ergibt sich folgende Nachlassverteilung:
Handelt es sich bei den Bestimmungen um eine Teilungsanordnung, wird wie folgt verteilt:

Gesamtnachlass (Auto, Wohnung, Geld)	300.000 Euro
Hieraus erhält Petra und Peter je $\frac{1}{2}$	150.000 Euro
Petra erhält danach	
Eigentumswohnung	80.000 Euro
Geldvermögen (150.000 Euro – 80.000 Euro)	70.000 Euro
Insgesamt den Erbteil von	150.000 Euro
Peter erhält danach	
Auto	20.000 Euro
Geldvermögen (150.000 Euro – 20.000 Euro)	130.000 Euro
Insgesamt den Erbteil von	150.000 Euro

Handelt es sich bei den Bestimmungen um ein Vorausvermächtnis, wird wie folgt verteilt:

Gesamtnachlass (Auto, Wohnung, Geld)	300.000 Euro
Petra erhält danach	
Eigentumswohnung	80.000 Euro
½ Anteil Geldvermögen	100.000 Euro
Insgesamt	180.000 Euro
Peter erhält danach	
Auto	20.000 Euro
½ Anteil Geldvermögen	100.000 Euro
Insgesamt	120.000 Euro

Petra wird also beim Vorausvermächtnis besser gestellt. Ihr Bruder erhält
weniger.

Der Bundesgerichtshof stellt bei der Frage der Abgrenzung in erster
Linie darauf ab, ob es dem Erblasser darauf ankam, dem Begünstigten einen Vermögensvorteil verschaffen zu wollen. Dabei muss aber
der Vermögensvorteil nicht notwendig in einer finanziellen Besserstellung liegen. Ausreichend ist daher auch ein Vorteil, der dadurch
bestehen kann, dass dem Bedachten eine bestimmte Rechtsposition
eingeräumt wird.

Übersicht der Unterschiede:

- Das Vorausvermächtnis erhält der Erbe zusätzlich zum Erbteil,
  während die Teilungsanordnung nur die Zuweisung einzelner
  Nachlassgegenstände in Verrechnung auf den Erbteil bei der
  Erbauseinandersetzung bestimmt.

- Das Vorausvermächtnis ist ein schuldrechtlicher Erfüllungsan-
  spruch, der mit dem Erbfall anfällt und grundsätzlich auch fällig
  ist (§ 2176 BGB).

- Im Falle der Ausschlagung der Erbschaft ist die Teilungsanordnung gegenstandslos, während das Vorausvermächtnis getrennt
  angenommen bzw. ausgeschlagen werden kann.

Formulierungsbeispiel für ein Testament mit Vorausvermächtnis:

Testament

Ich, ..., geb. am ... in ..., derzeit wohnhaft ..., widerrufe alle meine bisherigen Verfügungen von Todes wegen in vollem Umfang und erkläre, dass ich nicht durch ein bindend gewordenes Testament oder einen Erbvertrag an der Errichtung dieser Verfügung von Todes wegen gehindert bin.

Ich setze meine Abkömmlinge ..., geb. am ... in ..., derzeit wohnhaft ... und ..., geb. am ... in ..., derzeit wohnhaft ..., zu meinen Vollerben zu jeweils gleichen Teilen ein. Für den Fall, dass die von mir bestimmten Erben vor oder nach Eintritt des Erbfalls wegfallen, bestimme ich die Abkömmlinge meiner Kinder zu Ersatzerben nach den Regeln der gesetzlichen Erbfolge.

Meine Tochter ..., geb. am ... in ..., erhält darüber hinaus im Wege des Vermächtnisses, also ohne Anrechnung auf den Erbteil und unabhängig davon, ob sie die Erbschaft annimmt, meine Eigentumswohnung in ..., eingetragen im Grundbuch von ..., Flurstück-Nr. ... (genauer Grundbuchbeschrieb). Meine Tochter kann das Vorausvermächtnis nach Eintritt des Erbfalls sofort geltend machen, die Fälligkeit des Vorausvermächtnisses ist nicht an den Zeitpunkt der Erbauseinandersetzung gebunden. Mit vermacht ist auch der Anspruch auf Eintragung einer Vormerkung. An etwaigen Pflichtteilslasten hat sich meine Tochter als Vorausvermächtnisnehmerin nicht zu beteiligen, § 2318 Abs. 1 BGB wird insoweit ausgeschlossen, soweit es den Vermächtnisanspruch selbst betrifft.

Ein Ersatzvermächtnisnehmer wird für meine Tochter entgegen jeder anders lautenden gesetzlichen oder richterlichen Vermutungs- und Auslegungsregel nicht bestimmt.

Ort, Datum, Unterschrift

Hinweis

Während eine Teilungsanordnung immer bezogen auf den an der Erbauseinandersetzung beteiligten Miterben besteht und somit an die Person des Erben fixiert ist, muss bei der Anordnung eines Vorausvermächtnisses, wie bei jedem Vermächtnis, die Frage des Ersatzvermächtnisnehmers geklärt werden.

d) Die überquotale Teilungsanordnung

In manchen Fällen kommt es dem Erblasser darauf an, dass er einen bestimmten Nachlassgegenstand einem Miterben durch Teilungsanordnung in Anrechnung auf den Erbteil zuwendet, gleichzeitig will er aber nicht, dass der Erbe, falls der Nachlassgegenstand wertmäßig höher ist als der Erbteil, aus seinem Privatvermögen einen Ausgleich in den Nachlass einzahlt. Man findet daher in letztwilligen Verfügungen oftmals die Formulierung, dass dem Erben ein bestimmter Nachlassgegenstand durch Teilungsanordnung zugewendet wird, dass aber ein Wertausgleich nicht zu erbringen ist, für den Fall, dass der Nachlassgegenstand über dem Wert des Erbteils liegt. Rechtstechnisch spricht man in diesen Fällen auch von einer sog. **überquotalen Teilungsanordnung**.

> **BEISPIEL:** Erblasser E hinterlässt ein Nachlassvermögen von 200.000 Euro. In dem Nachlass befindet sich ein Haus mit einem Wert von 150.000 Euro. Er bestimmt seine beiden Kinder Petra und Peter zu Erben zu je ½ Anteil. Gleichzeitig bestimmt er, dass Petra das Haus bekommt und sich einen über den Erbteil hinausgehenden Wert nicht anrechnen lassen braucht.
>
> **Lösung:** Wenn es sich bei dieser Bestimmung um eine überquotale Teilungsanordnung handelt, dann ist wie folgt zu rechnen:
> Petra erhält nach der Erbquote von ½ wertmäßig 100.000 Euro. Sie bekommt nach dem Testament das Hausanwesen, welches aber einen Wert von 150.000 Euro hat. Eigentlich müsste sie nun 50.000 Euro an ihren Bruder Peter als Ausgleich zahlen. Dies wäre der Fall, wenn es sich bei der Bestimmung im Testament um eine reine Teilungsanordnung hält. Ist es aber eine überquotale Teilungsanordnung, dann erhält Petra das Haus ohne Ausgleichszahlung an den Bruder.
> Peter erhält dann den Restnachlass mit einem Wert von 50.000 Euro.

D.h., dass die Zuwendung des Gegenstandes durch Teilungsanordnung erfolgt und, für den Fall, dass dem Bedachten wertmäßig mehr zugewendet wurde, als der Erbteil, diese Mehr-Zuwendung durch Vorausvermächtnis erfolgt. Dass eine Zuwendung teilweise eine Teilungsanordnung im Sinne von § 2048 BGB und auch Vorausvermächtnis nach § 2150 BGB sein kann, ist grundsätzlich nicht möglich, sodass in den Fällen der überquotalen Teilungsanordnung eine exakte Formulierung in der letztwilligen Verfügung notwendig ist. Dabei sollte insbesondere darauf geachtet werden, dass die Teilungsanordnung erst bei Teilungsreife und dem folgend **bei** der Auseinandersetzung der Erbengemeinschaft zum Tragen kommt. Das Vorausvermächtnis, welches dem Miterben den über seinen Erbteil hinausgehenden Wert abdecken soll, sollte daher ebenfalls auf den entsprechenden Zeitpunkt der Auseinandersetzung fällig gestellt werden.

In diesen Fällen ist in der Regel – jedenfalls seitens des Erblassers – nicht gewünscht, dass das Vorausvermächtnis schon vor Auseinandersetzung der Erbengemeinschaft geltend gemacht werden kann. Eine solche Kombination von Teilungsanordnung und Vorausvermächtnis kann dann nämlich zu erheblichen Abwicklungsschwierigkeiten führen. Gerade wenn die Auseinandersetzung unter den Erben streitig erfolgt, stehen neben den bereits angesprochenen Problemen der Bewertung auch das der Zuordnung im Rahmen des Teilungsplanes. Eine an sich bereits zuvor zu erfüllende Nachlassverbindlichkeit (das Vermächtnis) muss nun im Rahmen des Teilungsplanes Berücksichtigung finden. Insoweit sollte man bei der Errichtung letztwilliger Verfügungen eine solche überquotale Teilungsanordnung nur dann bestimmen, wenn sich keine anderweitige Gestaltungsmöglichkeit bietet. Lässt sich eine überquotale Teilungsanordnung nicht vermeiden, sollte in jedem Fall daran gedacht werden, einen Testamentsvollstrecker zu bestimmen, der den Nachlass entsprechend auseinandersetzt.

Formulierungsbeispiel für ein Testament mit überquotaler Teilungsanordnung:

Testament

Ich, …, geb. am … in …, derzeit wohnhaft …, widerrufe alle meine bisherigen Verfügungen von Todes wegen in vollem Umfang und erkläre, dass ich nicht durch ein bindend gewordenes Testament oder einen Erbvertrag an der Errichtung dieser Verfügung von Todes wegen gehindert bin.

Zu meinen Erben setze ich meine beiden Kinder …, geb. am … in …, derzeit wohnhaft …, und …, geb. am … in …, derzeit wohnhaft …, zu Vollerben zu jeweils gleichen Teilen ein. Ersatzerben sind die Abkömmlinge meiner Kinder nach den Regeln der gesetzlichen Erbfolge, wiederum ersatzweise soll – zunächst innerhalb eines Stammes – Anwachsung eintreten.

Im Hinblick auf die Auseinandersetzung des Nachlasses ordne ich nachfolgende Teilungsanordnungen an, mit der Bestimmung, dass ein über den Erbteil hinausgehender Wert den jeweiligen Bedachten zusätzlich als Vorausvermächtnis zugewendet wird:

Meine Tochter … erhält im Wege der Teilungsanordnung und somit in Anrechnung auf ihren Erbteil mein Sparbuch Nr. … bei der … Bank.

Mein Sohn … erhält im Wege der Teilungsanordnung und somit in Anrechnung auf seinen Erbteil das Hausanwesen in …, eingetragen im Grundbuch von …, Flurstück-Nr. … (genauer Grundbuchbeschrieb).

Für den Fall, dass einer meiner Erben durch die Teilungsanordnung wertmäßig mehr erhält, als es dem Wert seiner Erbquote entspricht, dann erhält er diesen Überschuss durch Vorausvermächtnis zugewandt. Er ist daher nicht verpflichtet, aus seinem Eigenvermögen einen Ausgleich in den Nachlass einzuzahlen. Ein etwaiger durch Vorausvermächtnis zugewendeter Wertüberschuss wird unter der Bedingung angeordnet, dass der Erbe die Erbschaft annimmt. Das Vorausvermächtnis fällt im Übrigen erst zum Zeitpunkt der Auseinandersetzung des Nachlasses an, etwaige zwischen Eintritt des Erbfalls und der Auseinandersetzung des Nachlasses anfallende Zinsen stehen den Erben und nicht dem Vorausvermächtnisnehmer zu. Der Erbe soll daher durch das Vorausvermächtnis keine weiteren Vorteile erlangen, als dass ihm der durch Teilungsanordnung zugewandte Gegenstand zufällt, ohne dass er hierfür aus seinem Eigenvermögen einen Ausgleich in den Nachlass zahlen muss. An etwaigen Pflichtteilslasten gemäß § 2318 Abs. 1 BGB hat sich der Erbe als Vorausvermächtnisnehmer in diesen Fällen nicht zu beteiligen.

Ort, Datum, Unterschrift

e) Das Übernahmerecht

Untechnisch gesprochen, handelt es sich beim Übernahmerecht um den Anspruch eines Miterben oder eines Dritten, einen bestimmten Nachlassgegenstand zum Verkehrswert oder zu einem vom Erblasser festgesetzten Übernahmepreis aus dem Nachlass zu entnehmen. Neben der Anordnung eines Vorausvermächtnisses oder einer Teilungsanordnung stellt das Übernahmerecht daher eine weitere Möglichkeit der Aufteilung des Nachlasses dar. Rechtstechnisch gesprochen, kann es sich beim Übernahmerecht sowohl um eine

Teilungsanordnung, als auch um ein Vermächtnis handeln. In den Fällen, in denen das Übernahmerecht einem Dritten, der nicht Erbe ist, zugewendet wird, kann dies zwangsläufig nur ein Vermächtnis sein. Wird das Übernahmerecht als Vorausvermächtnis bestimmt, so wird dies unter der aufschiebenden Bedingung angeordnet, dass der Berechtigte sein Übernahmerecht tatsächlich ausübt. Als Vermögensvorteil genügt in diesen Fällen bereits die Wahlmöglichkeit, den Gegenstand aus dem Nachlass zu übernehmen. Im Verhältnis zum „normalen" Vermächtnis muss der Bedachte aber einen Wertausgleich in den Nachlass vornehmen, sei es in Form des vollen Verkehrswertes oder in Form eines vom Erblasser angeordneten Übernahmepreises.

Liegt der Übernahmepreis unter dem Verkehrswert, dann sollte in der letztwilligen Verfügung klargestellt werden, dass es sich hierbei um ein zusätzliches (Voraus-)Vermächtnis handelt und dass dem Bedachten nicht nur vermächtnisweise das Recht eingeräumt wurde, den Nachlassgegenstand zu übernehmen. Bei der Festlegung eines Übernahmepreises ist darauf zu achten, dass sich zum einen die Werte bis zum Eintritt des Erbfalls wesentlich verändern können und zum anderen die Frage geklärt werden sollte, ob der Preis möglicherweise zu indexieren ist. Letztlich sollte auch noch daran gedacht werden, einen entsprechenden Zeitpunkt festzulegen, bis zu welchem das Übernahmerecht ausgeübt werden sollte, um ein endloses Hinauszögern der Teilungsreife und somit eine Auseinandersetzung der Erbengemeinschaft zu vermeiden.

Die Notwendigkeit das Übernahmerecht als Teilungsanordnung zu bestimmen, ergibt sich dann, wenn der Erblasser einen Nachlassgegenstand einem Miterben in Anrechnung auf dessen Erbteil zuwenden, er es aber dem Miterben selbst überlassen will, ob er die Teilungsanordnung annimmt oder nicht. Es handelt sich daher bei einem Übernahmerecht als Teilungsanordnung um das Wahlrecht eines Miterben, eine zu seinen Gunsten angeordnete Teilungsanordnung anzunehmen oder nicht. In diesen Fällen kann der Erbe das Übernahmerecht auch nur im Rahmen der Auseinandersetzung der Erbengemeinschaft geltend machen und nicht, wie bei einem Vermächtnis/Vorausvermächtnis, schon vor Teilung des Nachlasses.

Formulierungsbeispiel für ein Testament mit Übernahmerecht:

Testament

Ich, ..., geb. am ... in ..., derzeit wohnhaft ..., widerrufe alle meine bisherigen Verfügungen von Todes wegen in vollem Umfang und erkläre, dass ich nicht durch ein bindend gewordenes Testament oder einen Erbvertrag an der Errichtung dieser Verfügung von Todes wegen gehindert bin.

Zu meinen alleinigen Vollerben bestimme ich meine Ehefrau ..., geb. am ... in ..., derzeit wohnhaft ..., zu $1/2$ Anteil und meine beiden Kinder ..., geb. am ... in ..., derzeit wohnhaft ... und ..., geb. am... in ..., derzeit wohnhaft ..., zu je $1/4$ Anteil. Ersatzerben sind die Abkömmlinge der von mir bestimmten Erben nach den Regeln der gesetzlichen Erbfolge, wiederum ersatzweise soll – zunächst innerhalb eines Stammes – Anwachsung eintreten.

Im Wege des Vorausvermächtnisses, also ohne Anrechnung auf seinen Erbteil, erhält meine Tochter das Recht, die Eigentumswohnung, eingetragen im Grundbuch von ... (genauer Grundbuchbeschrieb) gegen Zahlung eines Betrages in Höhe von 80% des durch den Gutachterausschuss der nach dem BauGB zuständigen Behörde ermittelten Verkehrswertes, aus dem Nachlass zu übernehmen. Der Differenzbetrag von 20% wird meiner Tochter dabei durch Vorausvermächtnis zugewandt, allerdings nur dann, wenn sie von dem Übernahmerecht Gebrauch macht. Der Anspruch auf Erstellung eines Verkehrswertgutachtens durch die entsprechende Verwaltungsbehörde nach dem BauGB steht meiner Tochter auch vor Ausübung des Übernahmerechts zu. Die Kosten der Begutachtung sind vom Nachlass zu tragen.

Ort, Datum, Unterschrift

Formulierungsbeispiel für ein Testament mit Übernahmerecht als Teilungsanordnung:

Testament

Ich, ..., geb. am ... in ..., derzeit wohnhaft ..., widerrufe alle meine bisherigen Verfügungen von Todes wegen in vollem Umfang und erkläre, dass ich nicht durch ein bindend gewordenes Testament oder einen Erbvertrag an der Errichtung dieser Verfügung von Todes wegen gehindert bin.

Zu meinen alleinigen Vollerben bestimme ich meine Ehefrau ..., geb. am ... in ..., derzeit wohnhaft ..., zu $1/2$ Anteil und meine beiden Kinder ..., geb. am ... in ..., derzeit wohnhaft ... und ..., geb. am... in ..., derzeit wohnhaft ..., zu je $1/4$ Anteil. Ersatzerben sind die Abkömmlinge der von mir bestimmten Erben nach den Regeln der gesetzlichen Erbfolge, wiederum ersatzweise soll – zunächst innerhalb eines Stammes – Anwachsung eintreten.

Meine Tochter …, geb. am … in …, derzeit wohnhaft …, erhält im Wege der Teilungsanordnung und somit in Anrechnung auf ihren Erbteil das Recht, meine im Nachlass befindliche Eigentumswohnung … (genauer Grundbuchbeschrieb) zu übernehmen. Sie hat die Möglichkeit, sich bis zur Teilungsreife des Nachlasses zu erklären, ob sie von diesem Übernahmerecht durch Teilungsanordnung Gebrauch machen will. Von den übrigen Miterben kann sie hierzu jedoch nicht verpflichtet werden.

Ort, Datum, Unterschrift

V. Die Auslegung von Testamenten

Häufig sind Testamente unklar bzw. mehrdeutig formuliert. Dies führt dazu, dass zwischen den potentiellen Erben beispielsweise Streit darüber entsteht, wer zur Erbfolge berufen ist oder ob mit einer Formulierung im Testament eine Erbeinsetzung oder lediglich eine Vermächtnisanordnung gewollt war. Auch die Frage, ob ein Vorausvermächtnis oder eine Teilungsanordnung vorliegt, ist Gegenstand einer Auslegung.

In solchen Fällen muss durch Auslegung der Erblasserwille ermittelt werden, was in aller Regel ein schwieriges Unterfangen darstellt.

1. Der wahre Wille des Erblassers

Bei der Auslegung eines Testamentes ist in erster Linie der wahre Wille des Erblassers zu erforschen, der aus dem Testament zumindest andeutungsweise hervorgehen muss. Hierbei ist grundsätzlich auf den Wortlaut der Verfügung abzustellen, der regelmäßig dem Erblasserwillen entspricht. Aber auch wenn der Wortlaut scheinbar klar und eindeutig ist, kann im Wege der Auslegung ein abweichender Wille des Erblassers ermittelt werden. Insbesondere wenn der Erblasser Rechtsbegriffe verwendet hat, kann die sich hieraus ergebende Rechtslage von der Tatsächlichen abweichen.

2. Der mutmaßliche Wille des Erblassers

Kann der wirkliche Wille des Erblassers nicht festgestellt werden, so ist sein mutmaßlicher Wille zu erforschen. Es ist zu ermitteln, was der Erblasser vernünftigerweise gewollt haben könnte. Zur Ermittlung dieses mutmaßlichen Willens des Erblassers kann auch auf äußere Umstände oder die allgemeine Lebenserfahrung zurückgegriffen werden.

3. Die Erforschung des Erblasserwillens durch ergänzende Auslegung

Enthält das Testament eine Lücke, weil beispielsweise eine zum Erben eingesetzte Person vorverstorben ist oder ein Vermächtnisgegenstand sich nicht mehr im Nachlass befindet, so ist durch ergänzende Auslegung zu ermitteln, welchen Willen der Erblasser gehabt haben würde, wenn er diesen Umstand bei Errichtung des Testamentes gekannt hätte. Auch hier kann auf Umstände zurückgegriffen werden, die außerhalb der Testamentsurkunde liegen. Der so ermittelte Wille des Erblassers muss aber wenigstens andeutungsweise aus der Urkunde selbst abgeleitet werden können.

Das Gesetz enthält ebenfalls Auslegungsregeln, die jedoch zu den oben erläuterten Auslegungsvarianten nachrangig sind.

4. Der Auslegungsvertrag

Streitigkeiten, die im Zusammenhang mit der Auslegung eines Testamentes entstehen, können durch den Abschluss eines sog. Testamentsauslegungsvertrag unter den potentiellen Erben umgangen werden. Mit einem Auslegungsvertrag stellen die Vertragsparteien für ihr Verhältnis untereinander fest, wie ein Testament auszulegen ist. Es erfolgt eine Klärung über alle erbrechtlichen Positionen, beispielsweise darüber, wer Erbe oder Vermächtnisnehmer ist.

Ein Erbschein, der dieser Auslegung widerspricht, darf nicht erteilt werden, selbst wenn sich später herausstellt, dass die Auslegung nicht der Rechtslage entspricht.

Der Testamentsauslegungsvertrag ist notariell zu beurkunden. Am Abschluss des Vertrages müssen alle Personen mitwirken, die als Erben oder Vermächtnisnehmer in Frage kommen bzw. sonst Rechte aus dem auslegungsfähigen Testament herleiten.

Auch im Erbscheinsverfahren kann eine Einigung über die Auslegung eines Testamentes im Sinne eines Auslegungsvertrages herbeigeführt werden.

5. Exkurs: Die Situation in Patchworkfamilien

Eine **Patchworkfamilie** ist eine Familie, in der neben den gemeinsamen Kindern auch Kinder aus früheren Beziehungen des Vaters oder der Mutter leben.

Die Wünsche der Beteiligten bei der erbrechtlichen Gestaltung sind sehr unterschiedlich. In erster Linie wollen die Beteiligten den Nachlass für die eigenen Kinder erhalten, aber auch den Partner mehr oder weniger stark absichern.

Darüber hinaus sollen die Kinder des Partners aus früheren Beziehungen oder deren Eltern von jeder Beteiligung aus dem Nachlass ausgeschlossen werden.

Im Idealfall, sofern die Patchworkfamilie gefestigt ist, soll eine gleichmäßige Verteilung des Nachlasses auf alle Kinder erfolgen.

Die schlechteste Alternative bei Patchworkfamilien ist allerdings, **keine Regelung** durch eine Verfügung von Todes wegen zu treffen. Dies soll nachstehendes Beispiel verdeutlichen:

BEISPIEL: Jeder Ehegatte hat zwei Kinder aus einer früheren Beziehung. Die Ehegatten leben im gesetzlichen Güterstand der Zugewinngemeinschaft. Stirbt der Ehemann zuerst, erben dessen Kinder neben der Ehefrau, die Erbin zu ½ ist, jeweils zu ¼. Die Kinder bilden dann mit der Stiefmutter eine Erbengemeinschaft am Nachlass ihres Vaters. Stirbt jetzt die Stiefmutter, erben deren leibliche Kinder jeweils ¼, die Kinder des erstverstorbenen Ehemannes gehen bei dem zweiten Erbfall leer aus. Die Hälfte des Nachlasses des Ehemannes wandert somit vollständig in den anderen Familienzweig (Stieffamilie) und ist für die leiblichen Kinder verloren.

Je nachdem, welches Ziel mit der Regelung verfolgt werden soll, gibt es verschiedene Optionen, gestalterisch tätig zu werden. Die Darstellung im Einzelnen würde allerdings den Rahmen dieses Ratgebers sprengen. Es werden hier nur auszugsweise stichwortartig einige Gestaltungsmöglichkeiten in testamentarischen und erbvertraglichen Regelungen für Patchworkfamilien genannt:

- Vor- und Nacherbschaft
- Doppelte Vor- und Nacherbschaft
- Nutzungsvermächtnisse
- Nießbrauchsvermächtnis gegebenenfalls mit Dauertestamentsvollstreckung und Ehegatten als Testamentsvollstrecker (bei stärkerer Stellung des Ehepartners)
- Wechselseitiger Pflichtteilsverzicht
- Verpflichtung zur Nichtaufhebung des Pflichtteilsverzichts
- Erbvertragliche Regelung mit Bindungswirkung
- Herausgabevermächtnis auf den Tod des Erben oder dessen Kinder
- Pflichtteilsrechte (Pflichtteilsstrafklauseln – Pflichtteilsverzicht)
- Pflichtteilsverzicht und modifizierte Zugewinngemeinschaft.

Hinweis

Eine höchstrichterliche Anerkennung einer Zugewinngemeinschaft fast ohne Zugewinn steht noch aus.

Bei Patchworkfamilien begegnet man den gleichen Gestaltungsproblemen wie bei Normalfamilien. Auseinandersetzen muss man sich bei der Gestaltung mit etwaigen **Pflichtteilsrechten, Zugewinnausgleichsansprüchen** sowie mit **erbschaftsteuerlichen Besonderheiten**. In der Patchworkfamilie verkomplizieren sich allerdings diese Begleiterscheinungen, sodass für die Gestaltung einer Verfügung von Todes wegen auf jeden Fall **fachkundiger Rechtsrat** eingeholt werden sollte.

6. Kapitel

Auskunftsansprüche im Erbfall

I. Allgemeines

Mit dem Eintritt des Erbfalls kennen die zu Erben berufenen Personen nur selten den Umfang des Nachlasses. In der Regel hat keiner der Erben vom Erblasser bereits zu Lebzeiten Einsicht in dessen Vermögenssituation erhalten. Dies wird wohl nur dann der Fall sein, wenn der Erblasser einen der Miterben mit einer Vollmacht, beispielsweise einer Bankvollmacht, ausgestattet hatte, der bevollmächtigte Erbe aufgrund der Vollmacht tätig wurde und die Bankgeschäfte des Erblassers erledigt hat. Die Miterben sind daher in aller Regel auf die Mithilfe außen stehender Personen angewiesen, um sich die notwendigen Informationen über die Zusammensetzung und den Bestand des Nachlasses zu verschaffen.

Verlässliche Auskünfte erhalten die Miterben in aller Regel von Banken, den Finanzbehörden und Grundbuchämtern. Hierfür müssen sie sich grundsätzlich durch die Vorlage des Erbscheines als Erben ausweisen. Auch im Gesetz sind Auskunftsansprüche normiert, auf die sich die Erben zur Informationsbeschaffung berufen können. Ein Auskunftsrecht der Miterben untereinander ist grundsätzlich nicht gegeben. Bestand ein Rechtsverhältnis zwischen dem Erblasser und einem der Miterben, weil der Erblasser zu seinen Lebzeiten einem der Miterben Vollmacht (z.B. Kontovollmacht) erteilt hatte (Auftragsverhältnis), so können nach dem Erbfall die übrigen Miterben die kraft Erbfall aus diesem Rechtsverhältnis auf sie übergegangenen Ansprüche geltend machen.

Ausnahmsweise kann abweichend vom oben dargestellten Grundsatz ein Miterbe einem anderen jedoch zur Auskunft verpflichtet sein: Kann er ohne größeren Aufwand zu einer bestimmten Frage Auskunft geben, so muss er dies tun. Voraussetzung ist jedoch, dass die Unkenntnis der übrigen Erben über den Umfang oder Verbleib des Nachlasses entschuldbar ist.

BEISPIEL: Der Erblasser E war in zweiter Ehe mit seiner Ehefrau F verheiratet. Aus dieser Ehe sind zwei Kinder A und B hervorgegangen. Aus einer früheren Verbindung des Erblassers stammt noch der Sohn S. Seinen Sohn S hat E nie kennen gelernt. E verstirbt bei einem tragischen Verkehrsunfall ohne Hinterlassung eines Testamentes. Miterben werden A, B, F und S. S, der im nicht europäischen Ausland lebt, verlangt nun Auskunft von den übrigen Miterben über den Nachlass. Sind A, B und F zur Auskunftserteilung verpflichtet?

Lösung: Da S seinen Vater nie kennen gelernt hat und zudem im Ausland lebt, ist er in entschuldbarer Weise nicht in der Lage, die notwendige Auskunft selbst einzuholen. A, B und F hingegen können ohne großen Aufwand alle notwendigen Informationen erteilen.

Die Inhalte der zu erteilenden Auskünfte sind verschiedenartig. Sie sind regelmäßig auf die Weitergabe von Informationen aus eigenem Wissen gerichtet. Die jeweilige Auskunft muss nicht durch Vorlage entsprechender Belege bekräftigt werden. Ein Anspruch auf Belegvorlage besteht – auch wenn dies wünschenswert wäre – nicht. Belege müssen nur vorgelegt werden, wenn der Auskunftsanspruch durch Rechnungslegung zu erfüllen ist. In diesem Fall muss der zur Auskunft Verpflichtete alle Einnahmen und Ausgaben geordnet aufstellen und der Aufstellung die dazugehörigen Belege beifügen. Noch weitreichendere Informationen sind zu erteilen, wenn die Auskunft durch Rechenschaftslegung zu erteilen ist. Hier müssen neben der Rechnungslegung auch alle Tatsachen mitgeteilt werden, die benötigt werden, um Geschäftsabläufe nachvollziehen und beurteilen zu können.

II. Welche Auskunftsansprüche gibt es?

Es gibt zahlreiche Auskunftsansprüche, die von den Erben oder gegenüber den Erben geltend gemacht werden können. Die Wichtigsten werden hier dargestellt.

1. Der Auskunftsanspruch wegen ausgleichspflichtiger Vorempfänge

Zuwendungen, die der Erblasser zu seinen Lebzeiten zu Gunsten seiner Abkömmlinge getätigt hat, sind bei der Teilung des Nachlasses zu berücksichtigen, wenn sie ausgleichspflichtig sind. Eine Ausgleichung kommt nur dann in Betracht, wenn der Erblasser mehr als einen Abkömmling hinterlassen hat. Eine Ausgleichung findet nur unter Abkömmlingen statt; der Ehegatte, Eltern oder gar Dritte sind hiervon nicht betroffen. Ausgleichspflichtig ist grundsätzlich jede Zuwendung, die der Erblasser mit der Bestimmung getroffen hat, dass sie auszugleichen ist. Ferner ist eine Ausgleichung nach dem Gesetz vorgesehen, wenn es sich bei der Zuwendung um eine Ausstattung handelt oder um Zuschüsse zu den Einkünften bzw. Aufwendungen zu einem Beruf und diese Zuwendung seitens des Erblassers im Übermaß erfolgte. Ausgleichspflichtige Zuwendungen sind in der Regel auch im Rahmen der Pflichtteilsberechnung zu berücksichtigen.

a) Wie wird ausgeglichen?

Die Ausgleichung hat stets das Ziel, ein Gleichgewicht unter den Abkömmlingen herbeizuführen. Der Abkömmling, der bereits zu Lebzeiten Zuwendungen vom Erblasser erhalten hat, soll im Vergleich zu den übrigen Abkömmlingen nicht besser gestellt sein. Durch eine Zurechnung der ausgleichspflichtigen Vorempfänge in den Nachlass, erfolgt die rechnerische Verteilung des Vermögens in der Art, dass sich derjenige Abkömmling, der bereits eine Zuwendung erhalten hat, diese von seinem Erbteil abziehen lassen muss. Der verbleibende Nachlass wird unter den übrigen Abkömmlingen geteilt. Hat ein Abkömmling mehr erhalten, als ihm gebührt, so ist er allerdings nicht verpflichtet, diesen Mehrempfang wieder in den Nachlass hinein zu zahlen.

BEISPIEL: Der verwitwete Erblasser E hat seiner Tochter T im Jahr 1971 einen Bauplatz im Wert von 100.000 Euro mit der Bestimmung übertragen, dass diese Zuwendung später auszugleichen ist. E hinterlässt bei seinem Tod im Jahr 2001 ein Nachlassvermögen in Höhe von 700.000 Euro. Nach seinem Tod tritt die gesetzliche Erbfolge zwischen der Tochter T und dem Sohn S ein. Wie hoch sind die Auseinandersetzungsguthaben von S und T nach erfolgter Ausgleichung?

Lösung: Es ist zunächst der sog. Ausgleichsnachlass zu bilden, indem dem Nachlass die ausgleichspflichtigen Zuwendungen hinzugerechnet werden:

700.000 Euro	Nachlassvermögen
+ 100.000 Euro	lebzeitige Zuwendung
= 800.000 Euro	Ausgleichsnachlass.

Aus dem Ausgleichsnachlass sind die S und T gebührenden Erbteile zu ermitteln. Beim Vorhandensein von zwei Erben ist der Ausgleichsnachlass zu halbieren, sodass der S und T gebührende Erbteil je 400.000 Euro beträgt. Auf diesen Erbteil muss sich T ihren Vorempfang in Höhe von 100.000 Euro anrechnen lassen mit der Folge, dass sie nur noch 300.000 Euro aus dem Nachlass erhält. Die übrigen im Nachlass vorhandenen 400.000 Euro erhält S, der noch keinen lebzeitigen Vorempfang erhalten hatte.

Hätte der Nachlass nur einen Wert von 200.000 Euro gehabt, T aber einen Vorempfang von 400.000 Euro erhalten, so hätte sie zu Lebzeiten bereits mehr erhalten, als ihr aus dem Nachlass gebührt:

200.000 Euro + 400.000 Euro = 600.000 Euro als Ausgleichsnachlass.

Hiervon gebühren S und T jeweils $\frac{1}{2}$, als 300.000 Euro. Nach Abzug des Vorempfanges der T stellt sich heraus, dass diese bereits einen Mehrempfang in Höhe von 100.000 Euro erhalten hat. Sie erhält aus dem Nachlass nichts mehr, muss allerdings auch keine Nachzahlung in den Nachlass erbringen.

---

b) Die Ausstattung

Als Beispiel für eine Ausstattung sei der Fall genannt, dass der Erblasser seinem Sohn ein Baugrundstück anlässlich der Heirat zuwendet, damit dieser dort ein Wohnhaus errichten kann. Bei solchen Zuwendungen, die zweckgebunden an die Existenzgründung oder im Hinblick auf die Heirat des eigenen Kindes erfolgten, kann bei entsprechender Zweckbestimmung eine Ausstattung angenommen werden. Eine solche Ausstattung würde dann ebenfalls zur Verrechnung kommen.

BEISPIEL: Der verwitwete Erblasser E wendet seinem Sohn S im Jahre 1975 ein Grundstück (Bauplatz) im Wert von 100.000 Euro anlässlich dessen Heirat zu mit der Zweckbestimmung, dass es sich um eine Ausstattung handelt. Der Erblasser E hinterlässt ein Nachlassvermögen von 700.000 Euro und hat seine Tochter T und den Sohn S zu Erben bestimmt. Für die Berechnung des Anspruchs von S ist nunmehr wie folgt vorzugehen:

700.000 Euro + 100.000 Euro = 800.000 Euro.

Geteilt durch zwei Abkömmlinge = 400.000 Euro Erbteil,

hiervon muss die Ausstattung im Wert von 100.000 Euro wieder in Abzug gebracht werden, sodass ein Ausgleichserbteil des S in Höhe von 300.000 Euro verbleibt.

Übersicht über die Rechtsprechung zur Ausstattung		
1. Lebzeitige Minderung des künftigen Nachlasses	**Zur Entscheidung gestellte „Einzelfälle der Erblasserzuwendung"**	
Durch „Fallgruppe der Erblasserzuwendung"	**bejaht bei**	**verneint bei**
a) Sachleistung (bewegliche und unbewegliche)	■ unangemessene Aussteuer anstelle einer angemessenen Berufsausbildung ■ Aussteuer neben Berufsausbildung	■ angemessene Aussteuer anstelle einer angemessenen Berufsausbildung (BGH WM 1982, 17 ff.) ■ Hofübergabe, § 17 HöfeO (OLG Schleswig AgrarR 1972, 362)
b) Kapitalleistung	■ einmalig Geld oder Wertpapiere ■ Tilgung von Schulden des Abkömmlings oder des Schwiegerkindes (RG JW 1912, 913) ■ Verzicht auf eine Forderung, (OLG Hamburg	■ Rentenzahlung, soweit sie auch unter § 2050 Abs. 2 BGB fällt (RGZ 79, 267) ■ Verpflichtung zu Rückgewähr, credendi causa (RGZ 67, 308)

Übersicht über die Rechtsprechung zur Ausstattung		
1. Lebzeitige Minderung des künftigen Nachlasses	**Zur Entscheidung gestellte „Einzelfälle der Erblasserzuwendung"**	
Durch „Fallgruppe der Erblasserzuwendung"	**bejaht bei**	**verneint bei**
	Recht 1911 Nr. 753) ■ Eröffnung eines Bankkontos (RG JW 1922, 1443)	
c) Naturalleistung	■ Arbeitskraft, wenn Lohn geschuldet aber verzichtet	■ Arbeitskraft, unentgeltlich (BGH NJW 1987, 2816)
d) Rechte	■ Grundpfandrecht ■ (Grundstücks-)Nutzungsrecht – mietfreies Wohnen (LG Mannheim NJW 1970, 2111) – Bewirtschaftung des Grundstücks (RGZ 121, 11, 13)	
e) Gesellschafter/stiller Teilhaber	■ Aufnahme als – Gesellschafter (OLG Celle NdsRpfl 1962, 203) – stiller Teilhaber (RG JW 1938, 2971) in das elterliche Geschäft	■ Gesellschafterstellung, wenn nicht mit materiellen Vorteilen verbunden (OLG Hamburg MDR 1978, 670)
2. Zweckrichtung	■ auch Gleichstellung ■ auch Ausgleich einer Notlage ■ auch Steuervorteile	■ nur Gleichstellung (BGH FamRZ 1965, 502) ■ nur Ausgleich einer Notlage (OLG Hamburg, HansGZ 1917 B 247) ■ nur Steuervorteile

c) Aufwendungen für den Beruf und Zuschüsse zu den Einkünften

Hat der Abkömmling Zuschüsse zu Einkünften im Übermaß oder Aufwendungen für die Vorbildung zu einem Beruf im Übermaß erhalten, so sind diese entsprechend zu berücksichtigen.

Bei den Zuschüssen zu Einkünften muss es sich um wiederkehrende Einnahmen handeln, die über einen bestimmten Zeitraum hinweg regelmäßig erfolgen. Ein einmaliger Zuschuss fällt daher nicht unter eine gesetzliche Ausgleichungspflicht, außer es wurde ausdrücklich eine Ausgleichungspflicht durch den Erblasser angeordnet.

Unter Aufwendungen zu einem Beruf versteht man die Studien- und Berufsschulkosten. Dies können beispielsweise Kosten für Aufbaustudiengänge oder Promotionskosten sein. Ausgleichspflichtig sind diese Aufwendungen aber nur, wenn sie im Übermaß erfolgen.

Ein Übermaß der Zuwendung liegt dann vor, wenn sie nicht im Verhältnis zum Vermögen und Einkommen des Erblassers selbst stehen, er also anderen Abkömmlingen nicht auch noch die gleiche Zuwendung machen könnte.

Übersicht über die ausgleichspflichtigen Vorempfänge				
	geborener Ausgleichs-tatbestand		gekorener Ausgleichs-tatbestand	
	Ausstattung, §§ 1624, 2050 BGB	Zuschüsse zu Einkünften, § 2050 Abs. 2 BGB	Aufwendungen zum Beruf, § 2050 Abs. 2 BGB	sonstige Zuwendungen, § 2050 Abs. 3 BGB
angemessenes Maß	ausgleichspflichtig	nicht ausgleichspflichtig	nicht ausgleichspflichtig	ausgleichspflichtig, wenn angeordnet
Übermaß	ausgleichspflichtig	ausgleichspflichtig	ausgleichspflichtig	ausgleichspflichtig, wenn angeordnet

d) Was geschieht mit Pflegeleistungen?

Zu einer ähnlichen Berücksichtigung kommt es, wenn ein Abkömmling gegenüber dem Erblasser besondere Leistungen beispielsweise in Form von Mitarbeit im Haushalt, Geschäft oder Beruf des Erblassers oder wenn er beispielsweise Pflegeleistungen gegenüber dem Erblasser und dessen Ehepartner erbracht hat. In diesen Fällen ist ebenfalls ein Ausgleich unter den Abkömmlingen vorzunehmen.

Hinweis

Eine Pflegeleistung findet seit 1.1.2010 auch dann Berücksichtigung, wenn der Abkömmling diese nicht unter Verzicht auf eigenes Einkommen erbracht hat.

Sind solche besonderen Leistungen erfolgt, so werden sie wie folgt berücksichtigt:

BEISPIEL: Der Erblasser E wird von seinem Sohn S vier Jahre lang gepflegt. Die Pflege hatte einen Wert von 100.000 Euro. Der Erblasser E hat ein Vermögen von 700.000 Euro hinterlassen. Es ist gesetzliche Erbfolge eingetreten. Der Erbteil der Tochter T berechnet sich nunmehr wie folgt:
Der hinterlassene Nachlass hat einen Wert von 700.000 Euro. Hiervon abzuziehen ist die erbrachte Pflegeleistung des Sohnes S in Höhe von 100.000 Euro, sodass ein Nachlasswert von 600.000 Euro verbleibt. Hieraus steht der Tochter T $\frac{1}{2}$ Erbanteil = 300.000 Euro zu. Dem Sohn S steht zu: 300.000 Euro + 100.000 Euro = 400.000 Euro.

Hinweis

Die Fälle der Pflege und Versorgung der Eltern spielen eine der wichtigsten und zentralsten Rollen in der Praxis. Hierzu sei angemerkt, dass es immer schwierig sein wird, dass ein Abkömmling, der sich ausgiebig um die Eltern gekümmert hat, den Nachweis führen kann, dass die entsprechende Pflegeleistung erfolgte. Es sollte daher frühzeitig daran gedacht werden, die geleisteten Tätigkeiten zu dokumentieren und durch Hinzuziehung entsprechender Zeugen auch beweisbar zu machen.

Wichtig ist in diesem Zusammenhang auch, dass die Pflegeleistung beispielsweise nicht durch den Abkömmling direkt, sondern auch durch die Schwiegertochter oder den Schwiegersohn erfolgen kann.

Der Auskunftsanspruch besteht auch gegenüber dem enterbten Abkömmling: Da auch Vorempfänge ausgeglichen werden, die der pflichtteilsberechtigte Abkömmling erhalten hat und der Pflichtteilsberechtigte in der Regel selbst nicht freiwillig darlegen wird, dass er entsprechende Vorempfänge erhalten hat, die seinen Pflichtteilsanspruch reduzieren, steht dem Erben, der den Pflichtteilsanspruch bezahlen muss, grundsätzlich ein Auskunftsrecht gegenüber dem Pflichtteilsberechtigten zu. Konkret heißt dies, dass der Erbe immer, nachdem er die Aufforderung durch den Pflichtteilsberechtigten erhalten hat, auch selbst gegenüber dem Pflichtteilsberechtigten einen

Auskunftsanspruch durchsetzen muss, um Kenntnis über die Vorempfänge, die im Rahmen des Pflichtteils zu berücksichtigen sind, zu erhalten.

Formulierungsbeispiel:

Sehr geehrter Herr ...,

ich bestätige Ihr Schreiben vom ..., in dem Sie mir gegenüber als Erben des verstorbenen Erblassers ... den Pflichtteil geltend gemacht haben und um die Übersendung eines Nachlassverzeichnisses baten.

Die gewünschten Auskünfte werden Ihnen in Kürze zugehen. Sobald ich den gesamten Nachlass (Aktiva und Passiva) ermittelt habe, wird ein entsprechendes Nachlassverzeichnis übersandt werden.

Bis zur Übersendung des Nachlassverzeichnisses darf ich Sie höflichst darum bitten, mir Auskunft darüber zu erteilen, welche ausgleichungspflichtigen Zuwendungen (§§ 2050, 2316 BGB) und welche anrechnungspflichtigen Zuwendungen (§ 2315 BGB) Sie seitens des Erblassers erhalten haben. Ich erlaube mir diesbezüglich Frist bis

...

zu setzen.

Mit freundlichen Grüßen

...

2. Der Auskunftsanspruch gegen den Erbschaftsbesitzer

Der Erbe tritt mit dem Erbfall in die Rechtstellung des Erblassers ein, unabhängig davon, ob er weiß, wie sich der Nachlass im Einzelnen zusammensetzt. Um sich Kenntnis hierüber verschaffen zu können, kann er von demjenigen, der den Nachlass in Besitz hat, Auskunft über dessen Bestand verlangen.

a) Wer ist Erbschaftsbesitzer?

Eine Person, die aufgrund eines behaupteten Erbrechts einzelne Nachlassgegenstände besitzt, bezeichnet man als Erbschaftsbesitzer. Der Erbschaftsbesitzer ist nicht Erbe!

> **BEISPIEL:** Eine Person behauptet, gesetzlicher Erbe zu sein, obwohl sie weiß, dass ein Testament vorliegt, durch welches sie enterbt ist. Auch der Vermieter des Erblassers, der dessen Wohnungsschlüssel an sich genommen hat, ist beispielsweise ein Erbschaftsbesitzer.

b) Wie ist die Auskunft zu erteilen?

Die Auskunft ist durch Vorlage eines Bestandsverzeichnisses zu erfüllen. Anzugeben sind lediglich die Nachlassaktiva. Die Nachlassverbindlichkeiten müssen nicht mitgeteilt werden. Hierneben ist Auskunft zu erteilen über den Verbleib einzelner Nachlassgegenstände, über ersatzweise beschaffte Dinge (Surrogate) sowie aus dem Nachlass gezogene Nutzungen und Früchte.

c) Wer kann Auskunft verlangen?

Der Auskunftsanspruch steht dem Erben zu. Von mehreren Erben kann auch einer allein den Anspruch geltend machen. Ist Testamentsvollstreckung angeordnet, so ist der Testamentsvollstrecker anstelle des Erben berufen, den Anspruch geltend zu machen.

Formulierungsbeispiel zur Geltendmachung des Auskunftsanspruches gegen den Erbschaftsbesitzer:

An den
Erbschaftsbesitzer

Sehr geehrter Erbschaftsbesitzer,

hiermit fordere ich Sie auf, Auskunft über den Bestand des Nachlasses des am .... verstorbenen Erblassers zum Stichtag ... und den Verbleib der Nachlassgegenstände zu erteilen.

Mit freundlichen Grüßen

(Unterschrift des Erben)

3. Der Auskunftsanspruch gegen den Hausgenossen

Der Hausgenosse des Erblassers muss den Erben Auskunft über den Verbleib der Erbschaftsgegenstände sowie über die erbschaftlichen Geschäfte, die er geführt hat, erteilen.

a) Wer ist Hausgenosse?

Hausgenosse ist derjenige, der mit dem Erblasser im Zeitpunkt des Erbfalls in häuslicher Gemeinschaft lebte. Hausgenosse ist aber nicht nur derjenige, der mit dem Erblasser in einem Haushalt wohnte, sondern vielmehr jeder, der aufgrund seiner räumlichen und persönlichen Nähe zum Erblasser Kenntnis über den Nachlass und dessen Verbleib haben könnte. Das sind nicht nur Angehörige des Erblassers, sondern auch Personen, die mit der Pflege des Erblassers betraut waren, der Lebensgefährte des Erblassers oder ein Untermieter. Ein Miterbe kann den anderen Miterben gegenüber ebenfalls als Hausgenosse zur Auskunft verpflichtet sein.

b) Was sind erbschaftliche Geschäfte?

Hierunter wird jedes Geschäft bzw. jede Tätigkeit des Hausgenossen nach dem Erbfall verstanden, die mit dem Nachlass in Zusammenhang steht.

BEISPIEL: Abmeldung des Pkw des Erblassers

c) Wie ist die Auskunft zu erteilen?

Der Hausgenosse muss weder Auskunft über den Bestand des Nachlasses erteilen, noch ein Nachlassverzeichnis erstellen. Er muss lediglich über Geschäfte, die er selbst geführt hat, Rechnung legen. Die Auskunftspflicht des Hausgenossen soll dem Erben Kenntnis über den Verbleib der Nachlassgegenstände verschaffen. Die Auskunftspflicht beschränkt sich nicht auf die Gegenstände, die sich im Zeitpunkt des Erbfalles im Nachlass befinden. Der Hausgenosse muss hierneben mitteilen, ob der Erblasser beispielsweise Gegenstände verliehen oder vermietet hat. Befinden sich Gegenstände nicht mehr im Nachlass, deren Besitz vom Erblasser nicht freiwillig aufgegeben wurde, so muss der Hausgenosse auch hierüber Auskunft erteilen. Eigene Nachforschungen muss der Hausgenosse aber nicht anstellen. Wird die Auskunft nicht mit der erforderlichen Sorgfalt erteilt, so kann der Erbe von dem Hausgenossen die Abgabe einer eidesstattlichen Versicherung verlangen.

145

d) Wer kann den Auskunftsanspruch gegenüber dem Hausgenossen geltend machen?

Anspruchsberechtigt ist der Erbe; bei Vorhandensein mehrerer Erben auch der einzelne Miterbe. Anstelle des Erben kann der Anspruch von den zur Verwaltung berufenen Personen, wie etwa dem Nachlassverwalter, dem Nachlasspfleger oder dem Testamentsvollstrecker geltend gemacht werden.

4. Auskunft bei Beauftragung

Ein für Miterben wichtiger Auskunftsanspruch ergibt sich nicht aus erbrechtlichen, sondern aus den allgemeinen zivilrechtlichen Vorschriften. Der Anspruch findet sich im Auftragsrecht und hat insbesondere dann Bedeutung, wenn der Erblasser zu seinen Lebzeiten Vollmacht zur Tätigung bestimmter Rechtsgeschäfte erteilt hat. In den meisten Fällen wurde einem der Miterben Bankvollmacht für ein erblassereigenes Konto gegeben. Zu seinen Lebzeiten kann der Auftraggeber vom Beauftragten Auskunft über den Stand des Geschäfts verlangen. Nach Beendigung des Auftrages ist der Beauftragte verpflichtet, Rechenschaft über seine Tätigkeit abzulegen.

Diese Ansprüche gehen, soweit sie nicht vom Erblasser selbst geltend gemacht wurden, mit dem Erbfall auf die Erben über. Der vom Erblasser beauftragte Erbe ist verpflichtet, auf Verlangen der übrigen Miterben Rechnung zu legen durch Errichtung einer geordneten Aufstellung aller Einnahmen und Ausgaben. Er muss auch die erforderlichen Belege vorlegen. Außerdem hat er den Miterben alles aus dem Auftrag Erlangte herauszugeben. Kann der Auskunftsverpflichtete eine Ausgabe nicht belegen, so ist er verpflichtet, den Fehlbetrag in den Nachlass zurück zu erstatten. Der Anspruch kann vom einzelnen Erben für die Erbengemeinschaft geltend gemacht werden.

Formulierungsbeispiel für das Auskunftsbegehren:

An den Beauftragten

Sehr geehrter Herr Beauftragter,

der Erblasser E hatte Ihnen am … Bankvollmacht über sein Konto bei der Sparkasse … erteilt. Wir fordern Sie hiermit auf Rechenschaft abzulegen über die von Ihnen seit dem Erhalt der Vollmacht geführten Geschäfte durch Vorlage eines geordneten Verzeichnisses, aus dem sich die jeweiligen Zahlungsein- und -ausgänge entnehmen lassen. Wir bitten Sie, die entsprechenden Belege vorzulegen, damit die einzelnen Verwendungen von uns nachvollzogen werden können.

Wir erwarten die Auskunft bis spätestens …

Mit freundlichen Grüßen

(Unterschrift der Erben)

5. Auskunftsanspruch des Pflichtteilsberechtigten gegenüber dem Erben

Der Pflichtteilsanspruch entsteht grundsätzlich mit Eintritt des Erbfalls. Voraussetzung für die Geltendmachung des Pflichtteilsanspruchs ist, dass der Pflichtteilsberechtigte von der Erbfolge ausgeschlossen und somit seitens des Erblassers enterbt wurde oder dass der Erblasser so große Schenkungen vor dem Erbfall getätigt hat, dass dem pflichtteilsberechtigten Erben ein sog. Pflichtteilsergänzungsanspruch zusteht. Da das Pflichtteilsrecht mit Eintritt des Erbfalls entsteht, kann der Pflichtteilsberechtigte, wenn die Voraussetzungen vorliegen und ihm bekannt ist, dass er von der Erbfolge ausgeschlossen wurde bzw. er den Umfang der Schenkungen bereits kennt, den Pflichtteilsanspruch sofort geltend machen. Sinnvollerweise geschieht dies dadurch, dass der Pflichtteilsberechtigte den Erben auffordert, Auskunft über den Nachlass durch Vorlage eines Nachlassverzeichnisses zu erteilen. Dieser Auskunftsanspruch steht dem Pflichtteilsberechtigten zu, damit er sich ein Bild von dem Umfang des Nachlasses machen kann. Der Erbe muss danach dem Pflichtteilsberechtigten ein Nachlassverzeichnis übersenden, in dem alle Aktiva und Passiva des Nachlasses enthalten sind. Ferner müssen auch alle Schenkungen und unentgeltlichen Zuwendungen in dem Nachlassverzeichnis angegeben werden.

Bei der Geltendmachung des Auskunftsanspruchs kann der Pflichtteilsberechtigte zwischen drei voneinander unabhängigen Auskunftsansprüchen wählen. Er kann einmal verlangen, dass der Erbe ein privates Bestands- bzw. Nachlassverzeichnis vorlegt. Ferner hat er die Möglichkeit zu verlangen, dass er bei der Errichtung des Nachlassverzeichnisses hinzugezogen wird und schließlich kann er auch verlangen, dass ein notarielles Nachlassverzeichnis erstellt wird. Da es sich bei allen drei Auskunftsformen um voneinander unabhängige Ansprüche handelt, kann der Pflichtteilsberechtigte diese nebeneinander geltend machen. D.h., dass er ein notarielles Verzeichnis auch dann fordern kann, wenn der Erbe bereits ein privates Nachlassverzeichnis vorgelegt hat.

Liegt dem Pflichtteilsberechtigten das Nachlassverzeichnis vor, dann kann er sich überlegen, ob er seinen Pflichtteilsanspruch nunmehr direkt beziffert, also bereits der Höhe nach geltend macht oder ob er zuvor noch eine Wertermittlung fordert. Letzteres bietet sich insbesondere dann an, wenn sich im Nachlass Immobilien befinden. Hier hat der Pflichtteilsberechtigte oftmals nur schwer die Möglichkeit, den Wert selbst festzustellen. Insoweit steht ihm der Anspruch gegenüber dem Erben zu, dass dieser ein Sachverständigengutachten über die Immobilie einholt und dem Pflichtteilsberechtigten vorlegt.

> ### Hinweis
>
> Da nach dem Gesetz der Erbe die Kosten für die Erstellung des Sachverständigengutachtens zu tragen hat, sollte der Pflichtteilsberechtigte hiervon durchaus Gebrauch machen, da er dann eine wesentlich sicherere Grundlage für die Bezifferung der Höhe seines Pflichtteilsanspruchs hat, als wenn er den Wert der Immobilie selbst schätzt. Allerdings gilt es zu berücksichtigen, dass die Kosten des Gutachtens auf der Passivseite bei der Berechnung des Pflichtteils durch den Erben wieder in Abzug gebracht werden dürfen.

a) Das Aufforderungsschreiben

Das Aufforderungsschreiben des Pflichtteilsberechtigten an den Erben sollte eindeutig und unmissverständlich zum Ausdruck bringen, dass der Pflichtteilsberechtigte seinen Pflichtteilsanspruch einfordert.

Folgendes Formulierungsbeispiel bietet sich hierfür an:

Sehr geehrte Frau Braun,

durch Mitteilung des Nachlassgerichts Kempten wurde mir mitgeteilt, dass Sie Alleinerbin meines verstorbenen Vaters Erwin Becker geworden sind. Da ich als einziger Abkömmling durch das Testament meines Vaters von der Erbfolge ausgeschlossen wurde, steht mir ein Pflichtteilsanspruch zu. Diesen mache ich hiermit geltend. Ich darf Sie daher höflichst bitten, mir ein Nachlassverzeichnis zu übersenden, in dem alle Aktiva und Passiva des Nachlasses meines Vaters enthalten sind.

Ferner sind in dem Nachlassverzeichnis auch alle Schenkungen und ehebezogenen Zuwendungen, die mein Vater zu Lebzeiten getätigt hat, mit aufzunehmen. Dabei sind Schenkungen an dritte Personen zu berücksichtigen, sofern sie innerhalb der letzten zehn Jahre erfolgten. Erfolgten Schenkungen an Sie persönlich, sind diese auch dann anzugeben, wenn sie außerhalb der Zehn-Jahres-Frist liegen.

Ich darf um Übersendung des Nachlassverzeichnisses innerhalb von vier Wochen, d.h. bis zum

…,

zu meinen Händen bitten.

Da ich davon ausgehe, dass sich die Immobilie Petersburger Str. 8, die im Eigentum meines Vaters stand, im Nachlass befindet, darf ich des Weiteren bereits heute um Erstellung eines Sachverständigengutachtens bezüglich des Wertes der Immobilie innerhalb von acht Wochen, d.h. bis zum

…,

bitten.

Den mir zustehenden Pflichtteilsanspruch überweisen Sie bitte auf das Konto bei der… Bank, hierfür erlaube ich mir ebenfalls eine Frist innerhalb von vier Wochen, d.h. bis zum

…,

zu setzen.

Mit freundlichen Grüßen

(Unterschrift)

Hinweis

Damit der Nachweis des Zugangs des Aufforderungsschreibens auf Auskunft- und Wertermittlung geführt werden kann, sollte das Schreiben in jedem Fall per Einschreiben mit Rückschein versendet werden. Andernfalls könnte sich der Erbe später auf den Standpunkt stellen, er habe das Schreiben nie erhalten.

Mit einem solchen Schreiben wird der Erbe hinsichtlich der Auskunftserteilung und Wertermittlung in Verzug gesetzt, wenn er in verschuldeter Weise nicht hierauf reagiert und die gewünschten Anforderungen rechtzeitig übermittelt. Geht der Pflichtteilsberechtigte nach fruchtlosem Ablauf der gesetzten Frist zum Anwalt, dann hat der Erbe die Kosten der weiteren Geltendmachung, wie beispielsweise die Anwaltskosten etc., als Verzugsschaden zu tragen.

b) Stimmt die erteilte Auskunft?

Reagiert der Erbe auf das Schreiben und erteilt er die Auskunft über den Nachlass, so muss dies durch Vorlage eines Nachlassverzeichnisses geschehen. Es gibt sogar Gerichte, die nicht nur ein einheitliches Nachlassverzeichnis fordern, sondern auch, dass der Erbe das Nachlassverzeichnis selbst unterschreibt. Damit man den Anforderungen an die Auskunft über den Nachlass genügt, sollte das Nachlassverzeichnis einheitlich durch Auflistung der Aktiva und Passiva niedergelegt werden und dann vom Erben unterschrieben werden.

Ein Nachlassverzeichnis kann wie das nachfolgende Muster aufgesetzt werden:

Formulierungsbeispiel:

Nachlassverzeichnis des am … verstorbenen Erblassers …

I. Nachlassaktiva

1. Immobilienvermögen:

a) Wohnhaus, Pettenkoferstraße

eingetragen im Grundbuch von…

¹/₂ Miteigentumsanteil	129.000,00 EUR
b) Eigentumswohnung, Bert-Brecht-Straße	110.000,00 EUR

2. Mobilien:

a) Einrichtungsgegenstände		1.000,00 EUR
b) Pkw		12.000,00 EUR
c) Fotoapparat		100,00 EUR
d) Werkzeug		200,00 EUR

3. Geldvermögen gem. beiliegenden Belegen:

a) Bei der Kreissparkasse

Girokonto	6.573,58 EUR	
Spareinlage $^1/_2$	12.533,40 EUR	
Zinsen $^1/_2$	149,01 EUR	

b) Bei der VR-Bank eG

Spareinlage $^1/_2$	2.209,26 EUR	
Zinsen $^1/_2$	9,70 EUR	

c) Bei der Dresdner Bank

Sparkonto $^1/_2$	493,23 EUR	
Zinsen $^1/_2$	2,14 EUR	

d) Bei der Postbank

Sparkonto $^1/_2$	12,77 EUR	
Giro- und Sparkonto $^1/_2$	9.969,80 EUR	
Summe Bankguthaben	31.952,89 EUR	
Geldvermögen gesamt		31.952,89 EUR
Wertpapiere $^1/_2$ aus 12.462,65 EUR		6.231,33 EUR
Summe Geldvermögen		38.184,22 EUR
4. Altersrente		2.248,28 EUR
Summe Nachlassaktiva		**292.732,50 EUR**

II. Nachlasspassiva

1. Bestattung abzüglich Kranken- u. Sterbekasse		1.059,69 EUR
2. Grabstein		3.644,29 EUR
3. Genehmigungsgebühr Grabeinfassung		60,00 EUR
4. Justizkasse Mainz		160,00 EUR
5. Arzthonorar		150,00 EUR

6. Quittung Blumen	25,00 EUR
7. Rechnung Gartenbaubetrieb	520,00 EUR
8. Quittung Katholisches Pfarramt	20,00 EUR
9. Quittung Amtsgericht	20,00 EUR
10. Rechnung Druckerei	165,88 EUR
11. Darlehen Stadtsparkasse	10.000,00 EUR
Summe der Nachlasspassiva	**15.824,86 EUR**
Reinnachlass:	**276.907,64 EUR**

c) Vorlage von Belegen

Jeder Pflichtteilsberechtigte stellt sich, wenn ihm das Nachlassverzeichnis vorgelegt wird, oft die Frage, ob das Nachlassverzeichnis richtig und vollständig ist. Hier bestehen in der Praxis für den Pflichtteilsberechtigten die größten Probleme und Risiken. Er hat nämlich keine Möglichkeit, das Nachlassverzeichnis selbst zu überprüfen, indem er Auskünfte bei Banken etc. einholt. Er ist also auf die ordnungsgemäße Auskunftserteilung des Erben angewiesen. Allerdings sollte er, auch wenn im Normalfall ein Anspruch hierauf nicht besteht, den Erben auffordern, entsprechende Belege dem Nachlassverzeichnis beizufügen.

So bietet es sich in jedem Fall an, dass sich der Pflichtteilsberechtigte die Mitteilung der Banken nach § 33 ErbStG an die Erbschaftsteuerfinanzämter vorlegen lässt. In dieser Mitteilung müssen Banken das gesamte Geldvermögen, welches der Erblasser zum Zeitpunkt des Todes hinterlassen hat, dem Finanzamt (Erbschaftsteuerstelle) mitteilen. Anhand dieser Mitteilung kann der Pflichtteilsberechtigte sich schnell einen Überblick über die erteilte Auskunft und den Umfang des Geldvermögens des Erblassers machen.

Des Weiteren kann sich der Pflichtteilsberechtigte, wenn er sich ein Bild über den Immobilienbesitz des Erblassers macht, auch selbst Einsicht im Grundbuch nehmen. Auch wenn manche Grundbuchämter dies mit der Begründung ablehnen, dass der Pflichtteilsberechtigte nicht Erbe und somit nicht Rechtsnachfolger des Erblassers geworden ist, so steht dem Pflichtteilsberechtigten, da er einen

Anspruch gegen den Nachlass hat, in jedem Fall ein Einsichtsrecht zu. Hier sollte man sich durch Aussagen der Grundbuchbeamten nicht verunsichern lassen. Gegebenenfalls sollte man dem Grundbuchamt eine Frist setzen und nach Ablauf eine entsprechende anwaltliche Hilfe in Anspruch nehmen.

Schwierigkeiten bestehen auch darin, dass das Vermögen des Erblassers zum Zeitpunkt des Erbfalls nicht mehr vorhanden ist. Der Pflichtteilsberechtigte hat aber keinerlei Möglichkeiten die Kontounterlagen vor dem Erbfall einzusehen oder zu verlangen, dass in diesen recherchiert wird. Lediglich wenn Anhaltspunkte für Schenkungen vorhanden sind, ist der Erbe verpflichtet, dem nachzugehen und sich die notwendigen Informationen für die ordnungsgemäße Auskunft einzuholen.

d) Eidesstattliche Versicherung

Die Auskünfte sind stets vollständig und wahrheitsgemäß zu erteilen. Die Richtigkeit und Vollständigkeit einer Auskunft ist gegebenenfalls vom Erben eidesstattlich zu versichern. Bestehen Bedenken bezüglich der Vollständigkeit oder Richtigkeit einer erteilten Auskunft, so kann eine Ergänzung nicht verlangt werden. Der Anspruchsberechtigte soll Gewissheit haben, dass die Auskunft richtig und ordnungsgemäß erteilt wurde. Daher besteht in solchen Fällen die Möglichkeit, dem Auskunftsverpflichteten eine Erklärung abzuverlangen, in welcher er die Richtigkeit und Vollständigkeit seiner Angaben an Eides Statt versichert.

Die Kosten der vor dem zuständigen Amtsgericht abzugebenden eidesstattlichen Versicherung muss der Erbe allerdings nicht tragen. Sie fallen dem Auskunftsberechtigten zur Last.

Derjenige, der von dem Erben die Abgabe der eidesstattlichen Versicherung verlangt, muss darlegen, aus welchen Gründen seiner Meinung nach das Nachlassverzeichnis unsorgfältig erstellt wurde. Er muss die Voraussetzungen für die Verpflichtung des Erben zur Abgabe der eidesstattlichen Erklärung beweisen. Die Voraussetzungen für die Abgabe sind beispielsweise erfüllt, wenn der Erbe versucht hat, sich der Auskunftserteilung zu entziehen oder bestimmte Bereiche, über die Auskunft verlangt wurde, ignoriert hat. Zur Abgabe der eidesstattlichen Versicherung kann der Erbe auch verpflichtet sein, wenn er die Herausgabe bestimmter Belege, beispielsweise die Beerdigung des Erblassers betreffend, die ihm ohne weiteres zugänglich sind, verweigert hat.

Formulierungsbeispiel:

An
den Erben

Betreff: Abgabe der eidesstattlichen Versicherung

Sehr geehrter Herr Erbe,

nachdem ich Sie mehrmals gebeten hatte, Auskunft über die lebzeitigen Zuwendungen des Erblassers innerhalb der letzten zehn Jahre vor seinem Tod zu erteilen und Sie meinem Wunsch bis heute nicht nachgekommen sind, fordere ich Sie hiermit auf, die Richtigkeit und Vollständigkeit des mir am ... zugeleiteten Nachlassverzeichnisses eidesstattlich zu versichern.

(Unterschrift)

7. Kapitel

Die Haftung der Erben für Verbindlichkeiten

I. Allgemeines

Vor der Annahme der Erbschaft haftet der Erbe für Nachlassverbindlichkeiten nur mit dem Nachlass. Nach der Annahme haftet er sowohl mit dem Nachlass, als auch mit seinem Privatvermögen. Innerhalb der ersten drei Monate nach dem Erbfall können die Erben innerhalb einer Schonfrist die sog. Drei-Monats-Einrede erheben. Sie haften dann ebenfalls nur mit dem Nachlass für Verbindlichkeiten. Der Erbe hat hierneben die Möglichkeit, seine Haftung für Nachlassschulden auf den Nachlass zu beschränken. Als Mittel zur Haftungsbeschränkung stehen die **Nachlassverwaltung** sowie das **Nachlassinsolvenzverfahren** zur Verfügung, wenn der Nachlass überschuldet ist. Mit der Eröffnung des jeweiligen Verfahrens ist die Beschränkung der Haftung auf den Nachlass erfolgt.

Als weitere Maßnahme zur Haftungsbeschränkung kann der Erbe die Einrede der Dürftigkeit des Nachlasses erheben, wenn die Nachlassverwaltung bzw. das Nachlassinsolvenzverfahren mangels Masse abgelehnt oder mangels Kostendeckung eingestellt wurden. Miterben können Nachlassverwaltung und Nachlassinsolvenz nur gemeinsam beantragen. Der einzelne Miterbe ist hierzu nicht befugt.

Hat der Erblasser mehrere Erben hinterlassen, so gelten neben den allgemeinen Vorschriften Sonderregelungen für die Haftung. Bevor sich die Erbengemeinschaft auseinandergesetzt hat, können Gläubiger von Nachlassverbindlichkeiten die Erbengemeinschaft verklagen und aus dem Urteil in den ungeteilten Nachlass vollstrecken (Gesamthandsklage). Das Privatvermögen der Erben ist geschützt. Die Nachlassgläubiger können wegen einer Nachlassverbindlichkeit aber auch den einzelnen Miterben in voller Höhe verklagen (Gesamtschuldklage) mit der Folge, dass der Miterbe dem Gläubiger sowohl mit seinem Privatvermögen, als auch mit seinem Anteil am Nachlass haftet. Um diese Haftungserstreckung auf sein Privatvermögen zu verhindern, muss sich der Erbe im Urteil die Haftungsbeschränkung auf den Nachlass vorbehalten.

Wurde noch keine Klage eingereicht, kann der Miterbe die beschränkte Haftung erreichen, indem er die Einrede des ungeteilten Nachlasses erhebt, wenn er von einem Nachlassgläubiger wegen einer Nachlassverbindlichkeit alleine in Anspruch genommen wird. Nach erfolgter Auseinandersetzung der Erbengemeinschaft können Nachlassgläubiger nur noch mittels der Gesamtschuldklage vorgehen. Die Gesamthandsklage ist nicht mehr möglich, da mit der Teilung des Nachlasses die gesamthänderische Bindung weggefallen ist. Die Haftungsbeschränkung auf den Nachlass ist nur wegen Nachlassverbindlichkeiten möglich, nicht wegen Eigenschulden der Miterben. Haftungsbeschränkende Maßnahmen können für alle Nachlassverbindlichkeiten mit Ausnahme der Nachlasserbenschulden ergriffen werden.

II. Besonderheiten

1. Minderjährige Erben

Minderjährige Miterben genießen im Hinblick auf die Haftung für Nachlassverbindlichkeiten besonderen Schutz, da sie auch für Verbindlichkeiten haften, die von den Eltern im Rahmen der Vertretung begründet werden. Der Minderjährige haftet für Verbindlichkeiten nur mit dem Vermögen, das er im Zeitpunkt des Erreichens der Volljährigkeit besitzt. Auf diese Haftung muss er sich ausdrücklich berufen. Diese Berufung erfolgt, indem der dann Volljährige die

Auseinandersetzung der Erbengemeinschaft verlangt. Tut er das nicht, wird vermutet, dass die Verbindlichkeiten erst nach dem Eintritt in die Volljährigkeit entstanden sind. Eine Beschränkung der Haftung ist dann nicht mehr möglich.

2. Unternehmen

Befindet sich ein Unternehmen in Form eines Einzelunternehmens oder einer Personengesellschaft im Nachlass, haften die Erben für Verbindlichkeiten nach den jeweiligen gesellschaftsrechtlichen Regelungen persönlich und unbeschränkt. Die Miterben können die Haftung mit ihrem Privatvermögen ausschließen, indem sie das Unternehmen innerhalb von drei Monaten nach dem Erbfall schließen oder bei einer Personengesellschaft die Umwandlung des vollhaftenden Anteils in den eines Kommanditisten verlangen (§ 139 HGB).

8. Kapitel

Der Erbschein

Um sein Erbrecht im Rechtsverkehr nachzuweisen, benötigt der Erbe in aller Regel einen Erbschein. Der Erbschein ist das amtliche Zeugnis über die Erbfolge. Er gibt Auskunft über die Person des Erblassers: sein Name, Sterbetag und auch sein letzter Wohnsitz werden im Erbschein angegeben. Aus dem Erbschein geht außerdem hervor, wer Erbe zu welcher Erbquote geworden ist. Hat der Erblasser in einer Verfügung von Todes wegen eine Testamentsvollstreckung oder eine Vor- und Nacherbfolge angeordnet, so wird auch dies im Erbschein vermerkt. Vermächtnisse, die der Erblasser angeordnet hat, werden im Erbschein dagegen nicht erwähnt.

Dem Erbschein kommt im Rechtsverkehr eine große Bedeutung zu. Es wird vermutet, dass den im Erbschein als Erben ausgewiesenen Personen das Erbrecht auch tatsächlich zusteht. Es werden verschiedene Arten von Erbscheinen unterschieden. Im sog. gemeinschaftlichen Erbschein wird das Erbrecht der Miterben des Erblassers festgehalten. Den gemeinschaftlichen Erbschein kann jeder der Miterben für sich beantragen. Der einzelne Miterbe kann auch einen Teilerbschein beantragen, in welchem nur sein Erbrecht ausgewiesen wird. Rechtsgeschäfte, die ein Dritter mit dem sich durch Erbschein ausweisenden „Erben" schließt, bleiben wirksam, auch wenn sich später die Unrichtigkeit des Erbscheins herausstellt.

I. Wo wird der Erbschein beantragt?

Zuständig für die Erteilung des Erbscheins ist das Nachlassgericht des Ortes, bei dem der Erblasser seinen letzten Wohnsitz hatte. Die Nachlassgerichte werden in der Regel bei den Amtsgerichten geführt. Es gelten jedoch landesrechtliche Besonderheiten. In Baden-Württemberg sind beispielsweise die Notariate als Nachlassgerichte für die Erteilung des Erbscheins zuständig. Die Entscheidung darüber, wem der Erbschein erteilt wird, obliegt dem Rechtspfleger, wenn die Erbfolge sich nach den gesetzlichen Erbfolgeregeln bestimmt. Der Richter entscheidet, wenn sich die Erbfolge aus einer letztwilligen Verfügung des Erblassers ergibt. Die Erteilung des Erbscheins erfolgt ausschließlich auf Antrag. Der Antrag kann ohne Einhaltung einer bestimmten Form zu Protokoll des Nachlassgerichtes erklärt werden.

II. Welche Angaben muss der Erbscheins-antrag enthalten?

Im Erbscheinsantrag muss angegeben werden:

- Name und Todestag des Erblassers
- Erbfolge
- Namen der Erben
- Erbquoten
- Grund des Erbrechts
    - gesetzliche Erbfolge (bei Eheleuten auch der Güterstand)
    - gewillkürte Erbfolge (Testament oder Erbvertrag)
    - Beschränkungen des Erbrechts
    - Testamentsvollstreckung
    - Vor- und Nacherbfolge.

Im Erbscheinsantrag ist außerdem anzugeben:

- das Verhältnis, auf dem das Erbrecht beruht (der Erblasser war Vater, Mutter, Bruder, Onkel, etc.), dies allerdings nur bei gesetzlicher Erbfolge
- weggefallene Personen, die das Erbrecht des Antragstellers beeinträchtigt hatten (Beispiel: Enkel erben nach den Großeltern nur, wenn Vater oder Mutter als Abkömmling des Großelternteils vorverstorben sind!)
- ob und welche Verfügungen von Todes wegen vorhanden sind und warum sich die Erbfolge nicht oder gerade nach diesen bestimmt
- ob ein Rechtsstreit über das Erbrecht anhängig ist
- Erklärung, dass die Erbschaft angenommen wurde.

Formulierungsbeispiel:

An das
Nachlassgericht Ort, Datum

Nachlasssache Erblasser X

Az.: …

Ich beantrage die Erteilung eines Erbscheines wie folgt:

Alleinerbe des am … verstorbenen Erblassers X, zuletzt wohnhaft …, ist der Antragsteller geworden aufgrund des handschriftlichen Testamentes vom …, beigefügt als Anlage.

Weitere Testamente oder sonstige letztwillige Verfügungen von Todes wegen hat der Erblasser nicht errichtet.

Der Erblasser war deutscher Staatsangehöriger. Er war in erster und einziger Ehe verheiratet mit der am … vorverstorbenen Frau …, vgl. die beigefügte Heirats- und Sterbeurkunde.

Ich bin der einzige Abkömmling des Erblassers. Meine Geburtsurkunde ist ebenfalls in der Anlage beigefügt. Es sind neben mir weder eheliche, nicht eheliche, für ehelich erklärte oder adoptierte Abkömmlinge vorhanden.

Die Geburt eines weiteren Kindes ist nicht zu erwarten. Auch sonstige Personen, die mein Erbrecht ausschließen oder verringern würden, sind nicht vorhanden.

Mein Erbrecht ist weder durch eine Testamentsvollstreckung, noch durch die Anordnung einer Vor- und Nacherbfolge beschränkt.

> Ein Rechtsstreit über das Erbrecht ist nicht anhängig.
>
> Der Nachlass hat einen Wert von ca. Euro …
>
> Ich bin bereit, an Eides statt zu versichern, dass mir nichts bekannt ist, was der Richtigkeit meiner Angaben entgegensteht.
>
> Mit freundlichen Grüßen
>
> (Unterschrift des Antragstellers)

Zur Bekräftigung des Antrags sind folgende öffentliche Urkunden vorzulegen:

- Sterbeurkunde
- Geburts- und Heiratsurkunden/Familienbuch
- Abstammungsurkunden
- gegebenenfalls Eheverträge.

Die Urkunden müssen in öffentlich beglaubigter Form vorgelegt werden. Sterbe-, Geburts-, Heirats- und Abstammungsurkunden erteilt der Standesbeamte am jeweiligen Wohnort. Eheverträge müssen in Ausfertigung (Notar!) vorgelegt werden. Die Angabe im Erbscheinsantrag, dass der Erblasser im gesetzlichen Güterstand der Zugewinngemeinschaft lebte, muss ebenso wie die übrigen im Antrag enthaltenen Angaben durch Abgabe einer eidesstattlichen Versicherung nachgewiesen werden.

III. Wo kann die eidesstattliche Versicherung erklärt werden?

Die Versicherung an Eides statt kann vor einem Gericht (z.B. Nachlassgericht) oder vor einem Notar abgegeben werden. Die Erklärung ist entbehrlich, wenn das Gericht sie für nicht erforderlich hält und aus diesem Grund erlässt. Diese Möglichkeit ist daher im Erbscheinsantrag unbedingt zu berücksichtigen. Es entfallen beim Erlass der eidesstattlichen Versicherung durch das Nachlassgericht Kosten.

IV. Wer kann den Erbschein beantragen?

Antragsbefugt sind:

- der Erbe, der einzelne Miterbe auch allein
- der Testamentsvollstrecker
- der Nachlassverwalter
- der Nachlassinsolvenzverwalter
- die Gläubiger.

V. Wann wird ein Erbschein benötigt?

Der Erbschein ist das vom Nachlassgericht für den Erben ausgestellte Zeugnis über sein Erbrecht. Der Erbe benötigt den Erbschein, um am Rechtsverkehr teilnehmen zu können. Befindet sich im Nachlass des Erblassers Guthaben bei Banken, so muss der Erbe, der Abhebungen tätigen will, den Erbschein vorlegen. Dies ergibt sich aus den allgemeinen Geschäftsbedingungen der Banken und Sparkassen. Oftmals reicht den Banken aus, wenn eine beglaubigte Abschrift des Testaments nebst Eröffnungsprotokoll vorgelegt wird. Nach neuester Rechtsprechung ist die Bank sogar verpflichtet, die Kosten eines Erbscheins zu tragen, wenn sie ausdrücklich auf Vorlage des Erbscheins besteht, obwohl ein notarielles Testament in beglaubigter Form und ein Eröffnungsprotokoll vom Erben vorgelegt wurden.

Befindet sich im Nachlass Grundbesitz, so benötigt der Erbe zur Grundbuchberichtigung gleichfalls einen Erbschein, es sei denn, der Erblasser hatte seinen letzten Willen vor dem Notar bekundet und ein Eröffnungsprotokoll kann vorgelegt werden. Die Errichtung eines notariell beurkundeten Testaments oder Erbvertrags macht die Beantragung eines Erbscheins dann in aller Regel entbehrlich.

Seit Inkrafttreten der Europäischen Erbrechtsverordnung kann auch ein Europäisches Nachlasszeugnis als einheitlicher europäischer Erbnachweis beantragt werden.

163

VI. Was kostet ein Erbschein?

Die Beantragung eines Erbscheins ist kostenpflichtig. Es fallen regelmäßig Gerichtsgebühren an. Bei Einschaltung eines Rechtsanwaltes entstehen ebenfalls Gebühren.

1. Gerichtsgebühren

Die Höhe der Kosten des Erbscheins richtet sich nach der Kostenordnung (KostO). Maßgeblich für die Gebühren ist der reine Nachlasswert. Zur Ermittlung des reinen Nachlasswertes sind die Nachlassverbindlichkeiten in voller Höhe vom Wert des vorhandenen Vermögens in Abzug zu bringen. Nicht abzugsfähig ist die den Erben treffende Erbschaftsteuer. Auch die Erbscheinskosten verringern den Wert des Nachlasses nicht. Für die Beantragung des Erbscheins und des sich anschließenden Verfahrens fällt eine volle Gebühr an. Eine weitere Gebühr wird für die Abgabe der Versicherung an Eides Statt erhoben.

2. Gebühren eines Rechtsanwalts

Die Gebühren des Rechtsanwalts im Erbscheinsverfahren bestimmen sich nach dem RVG. Maßgeblich für die Höhe ist auch hier der Gegenstandswert. Neben einer Verfahrensgebühr kann zusätzlich eine Terminsgebühr anfallen.

VII. Was prüft das Nachlassgericht?

Das Nachlassgericht prüft nach Eingang des Erbscheinsantrages, ob der Erbschein antragsgemäß zu erteilen ist. Hierfür hat das Gericht alle erforderlichen Tatsachen zu ermitteln. Beruft sich der Antragsteller auf eine letztwillige Verfügung des Erblassers, muss das Nachlassgericht Ermittlungen anstellen hinsichtlich der Wirksamkeit dieser Verfügung. Der Erblasser muss bei der Errichtung die erforderlichen Formvorschriften eingehalten haben, ein eigenhändiges

Testament beispielsweise insgesamt von Hand geschrieben und anschließend unterschrieben haben. Außerdem muss der Erblasser bei der Errichtung testierfähig gewesen sein.

Hat der Erblasser mehrere Testamente errichtet, muss das Nachlassgericht prüfen, nach welchem der Testamente sich die Erbfolge richtet. In aller Regel wird das jüngere Testament das für die Erbfolge ausschlaggebende sein. War der Erblasser jedoch durch eine frühere Verfügung gebunden und nicht mehr testierfrei, kann sich die Erbfolge auch nach einem älteren Testament richten und das jüngere unwirksam sein. Häufig ergänzen sich die verschiedenen Testamente des Erblassers und sind gemeinsam zur Feststellung der Erben heranzuziehen.

Die Testierfähigkeit des Erblassers wird vom Nachlassgericht nur geprüft, wenn sich Anhaltspunkte für eine fehlende Testierfähigkeit ergeben. Die Zweifel an der Testierfähigkeit können sich aus der letztwilligen Verfügung selbst ergeben. In den meisten Fällen werden die Bedenken an der Testierfähigkeit des Erblassers jedoch von einem der am Erbscheinsverfahren Beteiligten geäußert. Das Führen des Nachweises der Testierunfähigkeit des Erblassers ist in den meisten Fällen schwierig. Zwar ist das Nachlassgericht verpflichtet, von Amts wegen zu ermitteln und muss im Rahmen seiner Ermittlungen auch Ärzte oder Betreuer des Erblassers hören. Doch gilt ein geschäftsunfähiger oder unter gesetzlicher Betreuung stehender Erblassers grundsätzlich als testierfähig. Phasen von Geschäftsfähigkeit und Geschäftsunfähigkeit können sich abwechseln. Das Testament wurde vom Erblasser möglicherweise gerade in einem „lichten" Moment errichtet.

VIII. Wie entscheidet das Nachlassgericht über den Erbscheinsantrag?

In Fällen, in denen der Antragsteller noch nicht alle notwendigen Unterlagen für seinen Antrag beigebracht hat, kann das Gericht einen Zwischenverfügung erlassen. Es gibt dem Antragsteller auf, innerhalb einer bestimmten Frist die fehlenden Unterlagen beizubringen. Seit Inkrafttreten des FamFG am 1.9.2009 ergeht vor Erteilung des Erbscheines kein sog. Vorbescheid mehr, wenn zwei sich widersprechende Erbscheinsanträge vorliegen, sondern das Gericht entscheidet über die Erbscheinsanträge durch Beschluss. In einem Vorbescheid hatte das Gericht regelmäßig angekündigt, wie über die Erbscheinsanträge zu entscheiden beabsichtigt. Hiermit sollte den Beteiligten des Erbscheinsverfahrens die Möglichkeit gegeben werden, sich abschließend zu äußern. Anstelle des Vorbescheides ist die in § 352 Abs. 2 FamFG verankerte Möglichkeit getreten, die sofortige Wirksamkeit des Beschlusses auszusetzen und die Erteilung des Erbscheins bis zur Rechtskraft des Beschlusses zurückzustellen.

Lehnt das Nachlassgericht die Erteilung des Erbscheines ab, weil die Voraussetzungen nicht vorliegen oder der beantragte Erbschein im Widerspruch zu den tatsächlichen Gegebenheiten steht, muss es den Antrag durch Beschluss zurückweisen. Gegen den zurückweisenden Beschluss des Gerichtes kann der Antragsteller Beschwerde einlegen.

Wurde ein Erbschein erteilt und stellt sich später heraus, dass dieser unrichtig ist, weil beispielsweise ein weiteres Testament des Erblassers aufgetaucht ist, so muss das Nachlassgericht den unrichtigen Erbschein einziehen. Durch die Einziehung wird der Erbschein kraftlos.

9. Kapitel

Vollmachten des Erblassers

Der Erblasser hat die Möglichkeit zu seinen Lebzeiten einer oder mehreren Personen seines Vertrauens Vollmacht zu erteilen mit dem Ziel, die Abwicklung seines Nachlasses sicherzustellen. Mit der erteilten Vollmacht kann die bevollmächtigte Vertrauensperson im Rechtsverkehr Handlungen vornehmen. Je nachdem wie die Vollmacht gestaltet ist, ist ein Tätig werden des Bevollmächtigten erst ab dem Erbfall oder bereits zu Lebzeiten des Erblassers auch über seinen Tod hinaus möglich. Vollmachten, die erst mit dem Tod des Erblassers wirksam werden, bezeichnet man als postmortale Vollmachten. Transmortale Vollmachten sind solche, die bereits zu Lebzeiten des Erblassers Handlungen des Bevollmächtigten zulassen und auch nach dessen Tod gültig bleiben.

Ausgestattet mit einer Vollmacht kann der Bevollmächtigte nach dem Tod des Erblassers sofort tätig werden. Die Erteilung eines Erbscheines, die häufig geraume Zeit in Anspruch nimmt, muss nicht abgewartet werden. Hinzu kommt, dass als Bevollmächtigter auch eine Person eingesetzt werden kann, die nicht als Erbe in Betracht kommt. Durch die Erteilung einer Vollmacht kann der Nachlass problemlos und ohne Zeitverzögerung verwaltet werden. Die Vollmacht kann vom Erblasser individuell gestaltet und an die bestehenden Gegebenheiten angepasst werden. Möglich ist auch dem Bevollmächtigten eine unbeschränkte Vollmacht (Generalvollmacht) zu erteilen. Die Erteilung einer Generalvollmacht, mit der der Bevollmächtigte sämtliche Rechtsgeschäfte vornehmen kann, sollte wegen der nicht unbegründeten Gefahr des Vollmachtsmissbrauchs genau überdacht sein. Es ist bei der Auswahl des Bevollmächtigten mit der erforderlichen Sorgfalt vorzugehen.

Als Bevollmächtigten kann der Erblasser jede Person einsetzen, also auch einen der Erben, der nach seiner Auffassung geeignet ist, die erforderlich werdenden Handlungen durchzuführen. Der Erblasser kann auch den von ihm bestimmten Testamentsvollstrecker zusätzlich mit einer Vollmacht ausstatten und auf diese Weise dessen Handlungsfähigkeit für den Nachlass erweitern.

Für die Erteilung der Vollmacht muss grundsätzlich keine bestimmte Form eingehalten werden. Zur Sicherheit im Rechtsverkehr empfiehlt es sich aber, die Vollmacht schriftlich zu erteilen. Das erleichtert dem Bevollmächtigten den Nachweis, dass er zu den von ihm vorgenommenen Handlungen kraft Vollmacht befugt ist. Soll der Bevollmächtigte auch Handlungen vornehmen, die in Zusammenhang mit im Nachlass befindlichen Grundbesitz stehen, etwa ein Nachlassgrundstück veräußern oder belasten, so bedarf die Vollmacht ausnahmsweise der notariellen Beurkundung. Die Vollmacht muss die gleiche Form haben, die der Gesetzgeber für die vorzunehmende Handlung vorschreibt.

Die Vollmacht kann von den Erben nach Eintritt des Erbfalles jederzeit widerrufen werden. Der Widerruf kann formfrei gegenüber dem Bevollmächtigten erfolgen. Die Miterben müssen nicht gemeinschaftlich widerrufen. Die Vollmacht kann auch nur von einem Miterben allein widerrufen werden. Eine unwiderrufliche Vollmacht des Erblassers ist nach der herrschenden Rechtsprechung in aller Regel sittenwidrig.

Formulierungsbeispiel:

An den
Bevollmächtigten

Sehr geehrter Bevollmächtigter,

hiermit widerrufe ich die Ihnen vom Erblasser am ... erteilte Vollmacht mit sofortiger Wirkung und fordere Sie auf, die Vollmachtsurkunde an mich zurückzugeben.

Mit freundlichen Grüßen

(Unterschrift Miterbe)

10. Kapitel

Die Grundbuchberichtigung nach dem Erbfall

I. Allgemeines

Hat der Erblasser Grundbesitz hinterlassen, so wird das Grundbuch mit dem Erbfall unrichtig und muss berichtigt werden. Die Erben sind als neue Eigentümer in das Grundbuch einzutragen. Die Grundbuchberichtigung wird nur auf Antrag vorgenommen.

II. Wer kann den Antrag auf Grundbuch-berichtigung stellen?

Die Grundbuchberichtigung ist vom Erben zu beantragen. Beim Vorhandensein mehrerer Erben kann jeder Miterbe den Antrag allein stellen. Die Eintragung der Miterben in das Grundbuch erfolgt „in Erbengemeinschaft". Hat der Erblasser für seinen Nachlass Testamentsvollstreckung angeordnet, kann der Antrag auf Grundbuchberichtigung auch vom Testamentsvollstrecker gestellt werden.

III. Muss der Erbschein vorgelegt werden?

Mit dem Antrag auf Grundbuchberichtigung ist der Erbschein vorzulegen, da hierdurch der Nachweis der Unrichtigkeit des Grundbuchs geführt wird. Die Vorlage des Erbscheins ist entbehrlich, wenn sich die Erbfolge aus einem notariell beurkundeten Testament ergibt. Es genügt dann die Vorlage einer beglaubigten Abschrift des Testaments und des Eröffnungsprotokolls vom Nachlassgericht.

IV. Welche Kosten entstehen durch die Grundbuchberichtigung?

Die Grundbuchberichtigung ist kostenlos, wenn der Antrag innerhalb von zwei Jahren nach dem Erbfall gestellt wird. Ansonsten fällt eine volle Gebühr nach der KostO an.

11. Kapitel

Die Nachlasspflegschaft

I. Allgemeines

Wenn nach dem Erbfall unklar ist, wer Erbe geworden ist, sei es weil sich mehrere Personen um das Erbrecht streiten oder ungewiss ist, ob die Erbschaft angenommen wurde, kann die Verwaltung des Nachlasses bis zur Feststellung der Erbfolge notwendig werden.

II. Wann wird das Nachlassgericht tätig?

Das Nachlassgericht wird grundsätzlich nicht von selbst tätig, da die Abwicklung des Erbfalles in den Aufgabenkreis des Erben fällt. Ist jedoch absehbar, dass für die Ermittlung des Erben noch längere Zeit benötigt wird, kann das Nachlassgericht durch den Rechtspfleger eine Nachlasspflegschaft anordnen, um den Nachlass zu sichern. Sinn und Zweck der Nachlasspflegschaft ist neben der Sicherung, Erhaltung und Verwaltung des Nachlasses die Ermittlung der Erben. Der Nachlasspfleger vertritt die Interessen des Erben als dessen gesetzlicher Vertreter.

III. Die Sicherungsbedürftigkeit des Nachlasses

Ein Sicherungsbedürfnis, das das Nachlassgericht zum Einschreiten veranlasst, liegt vor, wenn keine vertrauenswürdigen Personen aus dem Umfeld des Erblassers vorhanden sind, die den Nachlass verwalten. Hat der Erblasser in einem Testament Testamentsvollstreckung angeordnet, kann gegebenenfalls ein Bedürfnis für eine Sicherung des Nachlasses nicht bestehen. Gleiches gilt, wenn Angehörige des Erblassers vorhanden sind. Auch sie kommen für die Verwaltung des Nachlasses in Frage mit der Folge, dass kein Bedürfnis für eine Nachlasssicherung besteht.

IV. Die Mittel zur Nachlasssicherung

Die Frage der Notwendigkeit der Anordnung einer Nachlasspflegschaft prüft das Nachlassgericht. Zum Zwecke der Nachlasssicherung kann das Nachlassgericht beispielsweise Wertpapiere, Geld und sonstige Kostbarkeiten hinterlegen, Siegel anlegen, ein Nachlassverzeichnis erstellen oder einen Nachlasspfleger bestellen.

V. Die Bestellung des Nachlasspflegers

Entscheidet sich das Gericht für die Bestellung eines Nachlasspflegers, so erlässt es eine entsprechende Verfügung und führt mit dem Nachlasspfleger ein Verpflichtungsgespräch, in welchem diesem der Umfang seiner Tätigkeit erläutert wird. Die Verpflichtung des Nachlasspflegers erfolgt durch Handschlag. Anschließend händigt das Nachlassgericht dem Nachlasspfleger eine Bestallungsurkunde aus, mit welcher er sich im Rechtsverkehr legitimieren kann.

Der Aufgabenbereich des Nachlasspflegers umfasst grundsätzlich die Sicherung und Verwaltung des Nachlasses.

VI. Die Aufgaben des Nachlasspflegers

Zum Zwecke der Verwaltung nimmt der Nachlasspfleger den Nachlass in Besitz und fertigt zu Beginn seiner Tätigkeit zur Feststellung des Nachlassbestandes ein Nachlassverzeichnis an, das dem Nachlassgericht vorgelegt wird.

Der Nachlasspfleger verwaltet den Nachlass wie ein Erbe. Er hat sämtliche Maßnahmen vorzunehmen, die im Rahmen der ordnungsgemäßen Verwaltung erforderlich werden. Zur Auseinandersetzung des Nachlasses ist er aber nicht befugt.

Neben der Verwaltung des Nachlasses obliegt dem Nachlasspfleger auch die Ermittlung der Erben. Hat er die Erben festgestellt und haben diese die Erbschaft angenommen, zeigt er dies dem Nachlassgericht an. Die Nachlasspflegschaft wird sodann vom Nachlassgericht aufgehoben. Der Nachlasspfleger hat den von ihm verwalteten Nachlass an die Erben herauszugeben.

VII. Die Klagpflegschaft

Auf Antrag eines Gläubigers, der einen Anspruch gegen den Nachlass hat, den er im Wege der Klage durchsetzen will, muss eine sog. Klagpflegschaft vom Nachlassgericht angeordnet werden. Voraussetzung ist auch hier, dass der Erbe nicht bekannt ist. Ein Sicherungsbedürfnis für den Nachlass muss nicht bestehen. Dieses wird wegen des Vorhandenseins eines gerichtlich durchzusetzenden Anspruches gegen den Nachlass vermutet.

Formulierungsbeispiel für einen Antrag auf Klagpflegschaft:

An das Amtsgericht

– Nachlassgericht –

Az: …

Nachlasssache

Namens und im Auftrag des Antragstellers wird beantragt:

Für die unbekannten Erben des am … in … verstorbenen Erblassers …, zuletzt wohnhaft in …, geb. am … in …,

Nachlasspflegschaft in Form einer Klagpflegschaft gemäß § 1961 BGB

anzuordnen.

Begründung:

Der Antragsteller ist der einzige Abkömmling des am … in … verstorbenen Erblassers …

Beweis: Auszug aus dem Familienbuch und Sterbeurkunde

Vor dem Amtsgericht – Nachlassgericht – besteht zwischen dem vom Erblasser testamentarisch Bedachten Streit darüber, wer Erbe und wer Vermächtnisnehmer geworden ist.

Beweis: Beiziehung der Nachlassakte des Amtsgerichts …, Az.: …

Fest steht aufgrund der letztwilligen Verfügung des Erblassers allerdings, dass der Antragsteller in jedem Falle von der Erbfolge ausgeschlossen wurde.

Beweis: Letztwillige Verfügung vom …

Da die Erben des verstorbenen Erblassers daher unbekannt im Sinne der §§ 1960, 1961 BGB sind, ist zumindest eine Klagpflegschaft anzuordnen, da dem Antragsteller zweifelsohne ein Pflichtteilsanspruch zusteht und er aufgrund drohender Verjährung nunmehr gehalten ist, den Pflichtteilsanspruch gerichtlich geltend zu machen.

Rechtsanwalt

VIII. Die Vergütung des Nachlasspflegers

Für seine Tätigkeit erhält der Nachlasspfleger eine Vergütung, deren Höhe sich am Wert des vorhandenen Nachlasses orientiert. Die Vergütung wird aus dem Nachlass gezahlt, es sei denn der Nachlass ist mittellos. In diesem Fall erhält der Nachlasspfleger seine Vergütung aus der Staatskasse.

Zum Nachlasspfleger kann jede Person bestellt werden, die hierfür geeignet ist. In aller Regel betraut das Nachlassgericht jedoch Rechtsanwälte, Steuerberater oder sonstige Berufspfleger mit dieser Aufgabe.

12. Kapitel

Unternehmen im Nachlass

I. Allgemeines

Nicht selten war der Erblasser Inhaber eines Einzelunternehmens, das nach seinem Tod in den Nachlass fällt. Im Rahmen der Verwaltung des Nachlasses stellt sich die Frage nach der Weiterführung des Geschäftes durch die Miterben. Für die Fortführung des Unternehmens gelten im Zusammenhang mit Verwaltungsfragen die gleichen Regeln wie für den übrigen Nachlass auch. Grundsätzlich gilt, dass die Miterben das Unternehmen fortführen können und zwar ohne zeitliche Beschränkung in ungeteilter Erbengemeinschaft. Die Miterben werden in Erbengemeinschaft in das Handelsregister eingetragen. Ein Gesellschaftsvertrag muss nicht abgeschlossen werden. Die Umwandlung der Erbengemeinschaft in eine gesellschaftliche Form ist nicht erforderlich; in der Regel aber sinnvoll. Es ergeben sich regelmäßig Probleme bei der Vertretung der Erbengemeinschaft. Es kann nur jeder einzelne Miterbe vertreten werden. Die Erbengemeinschaft als solche kann jedoch nicht vertreten werden, da sie nicht rechtsfähig ist.

II. Haftung

Entscheiden sich die Miterben für die Fortführung des Unternehmens, so haften sie sowohl für alle vom Erblasser eingegangenen geschäftlichen Verbindlichkeiten, wie auch für Schulden, die nach dem Erbfall begründet werden.

Die Haftungsfolge für „Altlasten" tritt nicht ein, wenn der Miterbe die Fortführung des Geschäftes innerhalb von drei Monaten nach dem Erbfall einstellt, § 27 HGB. Die Frist beginnt nicht vor Ablauf der Frist zur Ausschlagung der Erbschaft zu laufen.

III. Personengesellschaften

War der Erblasser Gesellschafter einer Personengesellschaft (OHG, KG), scheidet er nach der gesetzlichen Regelung aus der Gesellschaft aus. Insoweit sind abweichende Regelungen im Gesellschaftsvertrag zu beachten. Die Gesellschaft wird mit den verbleibenden Gesellschaftern fortgesetzt. Die Miterben treten nicht in die Gesellschaft ein. Sie erhalten einen Abfindungsbetrag, der in das Gesamthandsvermögen der Erbengemeinschaft fällt. Nur wenn der Gesellschaftsvertrag eine Nachfolgeklausel enthält, wird die Gesellschaft mit dem Erben fortgesetzt.

Haftete der Erblasser als Kommanditist einer KG nicht persönlich, so treten nach seinem Tod seine Erben in seine Rechtsposition ein und führen die KG fort.

War der Erblasser Gesellschafter einer Gesellschaft bürgerlichen Rechts (GbR), so löst sich die Gesellschaft nach seinem Tod auf und wird liquidiert. Die Miterben sind Mitglieder der Liquidationsgemeinschaft und erhalten den Gesellschaftsanteil des Erblassers sowie das ihm bei der Liquidierung zufallende Auseinandersetzungsguthaben zur gesamten Hand.

IV. Kapitalgesellschaften

Anteile des Erblassers an einer GmbH sind grundsätzlich vererblich und fallen in das Gesamthandsvermögen der Erbengemeinschaft. Allerdings kann der Gesellschaftsvertrag eine Einziehungsklausel zu Gunsten der übrigen Gesellschafter vorsehen oder eine Abtretungsklausel mit der Folge, dass die Erben den Gesellschaftsanteil (gegebenenfalls gegen Abfindung) auf die übrigen Gesellschafter übertragen müssen.

V. Pflichtteil und Unternehmen

Ob ein Unternehmen grundsätzlich in den Nachlass fällt, hängt letztlich von der Frage der Vererblichkeit des Unternehmens ab. Es ist daher getreu dem Grundsatz „Gesellschaftsrecht geht vor Erbrecht" zu prüfen, inwieweit das Unternehmen tatsächlich in den Nachlass fällt. Hierbei ist zu unterscheiden, um welche Rechtsform es sich bei dem Unternehmen handelt und welche Nachfolgeklauseln der Gesellschaftsvertrag vorsieht.

So ist ein einzelkaufmännisches Unternehmen grundsätzlich frei vererblich. Dieses geht im Wege der Gesamtrechtsnachfolge in den Nachlass und somit auf die Erben des Erblassers über. Es ist daher bei der Pflichtteilsberechnung als im Nachlass vorhanden zu bewerten.

Bei Kapitalgesellschaften, beispielsweise einer GmbH, ist ebenfalls grundsätzlich von einer Vererblichkeit der GmbH-Anteile auszugehen. Auch diese gehen zunächst auf den Erben über und sind dann im Rahmen der Bewertung des Pflichtteilsanspruchs zu berücksichtigen. Allerdings kann die Vererblichkeit von GmbH-Anteilen eingeschränkt werden. So kann die Satzung der GmbH vorsehen, dass die Anteile im Erbfall von den übrigen Gesellschaftern eingezogen werden können. Ist dies der Fall und üben die übrigen Gesellschafter ihr Einziehungsrecht aus, so befinden sich die GmbH-Anteile nicht mehr im Nachlass. Für die Berechnung des Pflichtteilsanspruchs ist dann allenfalls ein sog. Abfindungsanspruch, sofern er besteht und nicht für alle Gesellschafter ausgeschlossen wurde, bei der Pflichtteilsberechnung zu berücksichtigen.

Schwieriger gestaltet sich die Frage der Vererblichkeit von Anteilen an Personengesellschaften (OHG, KG, GbR und GmbH & Co.KG). Hier ist die Frage, ob ein Gesellschaftsanteil vererblich und somit im Nachlass des Erblassers vorhanden ist, von der Rechtsform sowie der gesetzlichen Regelung bzw. der Regelung im Gesellschaftsvertrag abhängig. So kommt es bei der Gesellschaft bürgerlichen Rechts (GbR) mit dem Tod eines Gesellschafters grundsätzlich zur Auflösung der Gesellschaft. In diesem Fall befindet sich der Auflösungsanspruch im Nachlass. Bei der OHG und KG kommt es mit dem Tod eines Gesellschafters grundsätzlich nicht zur Auflösung, sondern zu einer Fortführung der Gesellschaft mit den übrigen Gesellschaftern. Beim Tod eines Kommanditisten an einer KG kommt es zur Fortführung mit den Erben (§ 177 HGB).

Sieht nunmehr der Gesellschaftsvertrag eine andere Regelung vor, so sind folgende Klauseln zu unterscheiden:

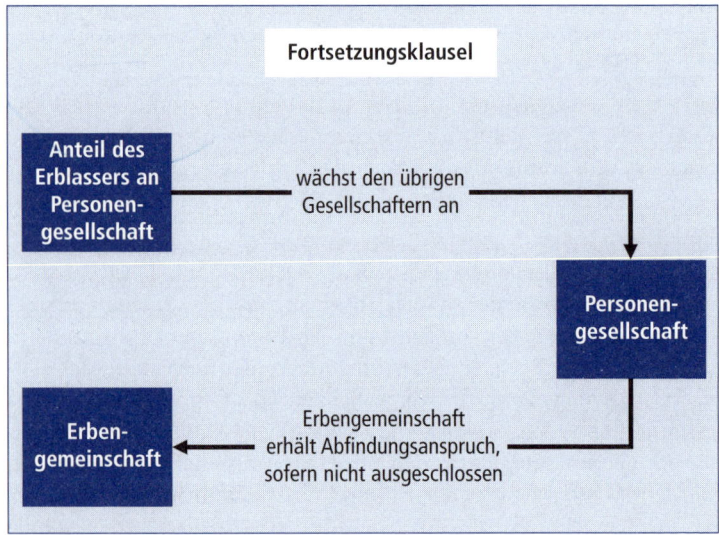

Abb. 4: Fortsetzungsklausel

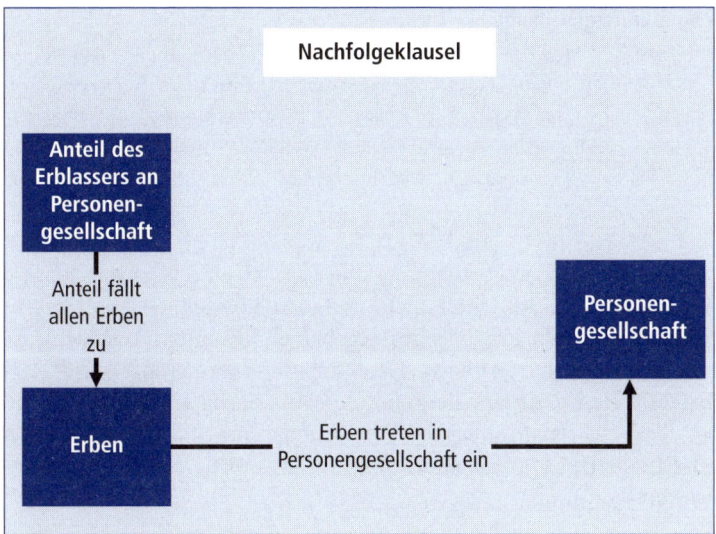

Abb. 5: Nachfolgeklausel

Bei der sog. **Fortsetzungsklausel** vereinbaren die Gesellschafter, dass die Gesellschaft mit dem Tod eines Gesellschafters lediglich von den übrigen Gesellschaftern fortgeführt wird. Der Anteil des Verstorbenen fällt dann den übrigen Gesellschaftern zu.

Die Erben und der Nachlass erhalten in diesem Fall auch nur dann einen Abfindungsanspruch, wenn dieser nicht im Gesellschaftsvertrag ausgeschlossen wurde. Auch hinsichtlich der Höhe des Abfindungsanspruchs kommt es auf die gesellschaftsvertragliche Regelung an. Allerdings ist strittig, ob der Ausschluss eines Abfindungsanspruchs im Hinblick auf den Pflichtteilsanspruch Wirkung entfaltet. Nach noch herrschender Meinung gilt dies jedenfalls dann, wenn der Abfindungsanspruch für alle Gesellschafter ausgeschlossen wurde.

Formulierungsbeispiel:

Im Falle des Todes eines Gesellschafters wird die Gesellschaft unter den übrigen Gesellschaftern fortgesetzt. Den Erben des verstorbenen Gesellschafters steht ein Abfindungsanspruch gemäß § 12 des Gesellschaftsvertrages zu. Die Höhe des Abfindungsanspruchs bestimmt sich nach den Buchwerten der Gesellschaft. Eine Berücksichtigung der stillen Reserven oder eines sog. Firmenwertes (good will) erfolgt nicht.

Anders als bei der Fortsetzungsklausel sieht eine Nachfolgeklausel vor, dass die Gesellschaft nicht mit den übrigen Gesellschaftern, sondern mit den Erben (oder gegebenenfalls einem Vermächtnisnehmer) des verstorbenen Gesellschafters fortgeführt wird. Die Erben treten dann an die Stelle des Verstorbenen. In diesem Fall ist der Gesellschaftsanteil des Verstorbenen im Nachlass vorhanden und bei der Pflichtteilsberechnung in entsprechender Höhe zu bewerten.

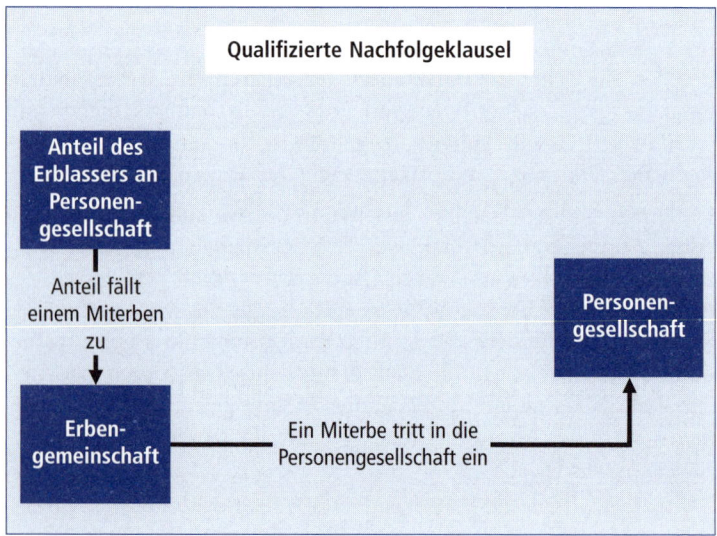

Abb. 6: Qualifizierte Nachfolgeklausel

Darf nur ein bestimmter Erbe in die Gesellschaft eintreten, bzw. nur eine bestimmte Person Nachfolger eines verstorbenen Gesellschafters werden, so liegt eine sog. **qualifizierte Nachfolgeklausel** vor. In diesem Fall geht der Anteil an der Gesellschaft unmittelbar auf den qualifizierten Erben über. Aber auch hier befindet sich der Anteil zumindest wertmäßig im Nachlass und ist bei der Berechnung des Pflichtteilsanspruchs zu berücksichtigen.

VI. Bewertung des unternehmerisch gebundenen Vermögens

Problematisch ist, dass es bei vielen Unternehmen weder zu einem zeitnahen Verkauf des Unternehmens kommt noch die Unternehmen sich so ähneln, dass entsprechende Vergleichswerte vorhanden sind. Es ist daher anhand von bestimmten Bewertungsmethoden ein ungefährer Verkehrswert des Unternehmens zu ermitteln. Im Zusammenhang mit der Bewertung eines Unternehmens bei Erfüllung von Pflichtteilsansprüchen wird von der herrschenden Meinung in der Regel auf die sog. Ertragswertmethode zurückgegriffen. Bei der Ertragswertmethode ist der künftig zu erwartende Überschuss entsprechend der letzten drei bis fünf Jahren einer Bewertung zugrunde zu legen. Der Ertragswert ist danach der Betrag, mit dem unter Zugrundelegung eines angemessenen Kapitalisierungszinsfußes eine laufende Rendite in Höhe des prognostizierten Überschusses erzielt werden kann.

Hinweis

Die sog. latenten Ertragssteuern sind im Rahmen der Bewertung eines Unternehmens zur Pflichtteilsberechnung einer der Streitpunkte in der Praxis. Dem liegt die Problematik zugrunde, dass latente Ertragssteuern in der Regel nur bei der Veräußerung eines Unternehmens realisiert werden. Führt der Nachfolger aber das Unternehmen fort, so kommt es nicht zu einer Veräußerung und die latenten Ertragssteuern werden nicht realisiert. Allerdings wird in der Regel seitens des Unternehmers argumentiert, dass für die Pflichtteilsberechnung der Verkehrswert ermittelt werden muss, der in der Regel am Veräußerungserlös orientiert ist und bei dem somit auch die im Falle der Veräußerung anfallenden latenten Ertragssteuern und Veräußerungskosten mit zu berücksichtigen sind.

13. Kapitel

Erbschaftsteuer

I. Die Bewertung des Nachlasses für die Erbschaftsteuer

Maßgeblich für die Höhe der Erbschaftsteuern ist der Wert des Nachlasses nach Abzug der Nachlassverbindlichkeiten. Der Erbe hat das zu versteuern, was ihm vom Nachlass nach Abzug der Erbfallkosten und der Erblasserschulden sowie nach Abzug von Pflichtteilsansprüchen und Vermächtnissen als Nettonachlass verbleibt. Die Nachlassgegenstände werden in die Steuerberechnung mit ihrem tatsächlichen Wert einbezogen. Es gilt das sog. Stichtagsprinzip. Maßgeblich ist der Wert, den das Vermögen im Zeitpunkt des Erbfalls hatte. Am 1.1.2009 ist das ursprüngliche Erbschaftsteuergesetz in Kraft getreten. Alle Vermögenswerte werden nun mit dem Verkehrswert bewertet. Dies führt insbesondere bei Immobilien zu einer deutlich höheren Bemessungsgrundlage. Vor Inkrafttreten des neuen Erbschaftsteuergesetzes wurden Immobilien für die Berechnung einer anfallenden Schenkung- oder Erbschaftsteuer im Durchschnitt nur mit etwa 50% bis 70% des Verkehrswertes angesetzt. Nach der Erbschaftsteuerreform sind nunmehr die vollen Verkehrswerte anzusetzen.

II. Verfassungsmäßigkeit des Erbschaftsteuer- gesetzes – Überprüfung durch das Bundes- verfassungsgericht und Neuregelung

Kritisiert wurde an der Erbschaftsteuerreform, dass, obwohl der Anlass für die Erbschaftsteuerreform eine vom Bundesverfassungs- gericht zuvor im Erbschaftsteuergesetz festgestellte Verletzung des Gleichheitsgrundsatzes nach Art. 3 GG war, in dem Reformgesetz wiederum eine Vielzahl von Bestimmungen gegen den Gleichheits- grundsatzsatz verstießen. Beispielsweise fehle es an einem sach- lichen Grund, weshalb der Erbe eines schlecht gehenden Betriebes, dem es gelingt nahezu die Hälfte der Arbeitsplätze zu erhalten, in vollem Umfang der Erbschaftsteuer unterliegt, während ein Erbe, dem ein lukrativer, solventer und gutgehender Betrieb vererbt wird und der aus diesem Grunde die Arbeitsplätze erhalten kann, den Betrieb steuerfrei erhält. Entgegengehalten wird dieser Auffassung, dass es sich um eine generelle Regelung handele, man deswegen nur Fallgruppen bilden könne und hierdurch immer Einzelfälle möglich seien, die von der generellen Regelung abweichen und im Ergebnis für die Betroffenen zu nachteiligen Ergebnissen führen können. Weiterhin sei der Erhalt von Arbeitsplätzen eine starke Motivation dieser Regelung.

Im Beschluss vom 27.9.2012 (Az. II R 9/11) hat der Bundesfinanz- hof die Auffassung vertreten, dass das geltende Erbschaftsteuer- und Schenkungsgesetz insbesondere wegen der Bevorzugung von Be- triebsvermögen gegen den allgemeinen Gleichheitssatz nach Art. 3 GG verstoße und daher im Kern verfassungswidrig sei. Der Fall wurde dem Bundesverfassungsgericht zur Entscheidung vorgelegt. Das Bundesverfassungsgericht hat mit Datum vom 17.12.2014, Az. 1 BvL21/12, entschieden, dass § 13a des Erbschaftsteuer- und Schenkungsteuergesetzes in der Fassung des Gesetzes zur Beschleu- nigung des Wirtschaftswachstums vom 22.12.2009 und § 13b des Erbschaftsteuer- und Schenkungsteuergesetzes in der Fassung des Gesetzes zur Reform des Erbschaftsteuer- und Bewertungsrechts vom 24.12.2008 jeweils in Verbindung mit § 19 Abs. 1 des Erbschaftsteuer- und Schenkungsteuergesetzes in der Fassung der Bekanntmachung vom 27.2.1997 mit Art. 3 Abs. 1 des Grundgesetzes nicht vereinbar ist. Das bisherige Recht ist bis zu einer Neuregelung weiter anwendbar. Der Gesetzgeber wurde verpflichtet, eine Neuregelung spätestens bis zum 30.6.2016 zu treffen. Das Bundesverfassungsgericht hat noch eine Nachfrist gesetzt.

Die Neuregelung wurde dann am 4.11.2016 durch den Bundestag verabschiedet und ist rückwirkend zum 1.7.2016 in Kraft getreten. Sie betrifft ausschließlich Regelungen zum Betriebsvermögen im Nachlass. Die übrigen Regelungen, insbesondere die Freibeträge für Erbfälle ohne betriebliches Vermögen im Nachlass wurden nicht geändert.

III. Steuerklassen

Das Erbschaftsteuergesetz enthält nach § 15 ErbStG drei Steuerklassen, die mit den Steuerklassen im Einkommen- bzw. Lohnsteuerrecht nicht übereinstimmen. Die Einordnung in eine Steuerklasse ist abhängig von dem Verwandtschaftsverhältnis zwischen Erblasser bzw. Schenkendem und der begünstigten Person (Steuerklasse I = günstig; Steuerklasse III = ungünstig).

Eingetragene Lebenspartner werden wie weiter entfernte Verwandte in die Steuerklasse III eingeordnet mit der Folge, dass für sie deutlich höhere Steuersätze gelten als für Ehegatten. Allerdings haben eingetragene Lebenspartner den gleichen persönlichen Freibetrag wie Eheleute in Höhe von 500.000 Euro.

Übersicht über die Steuerklassen:

Steuerklasse I:

- Ehegatte
- Kinder und Stiefkinder
- Enkel, falls deren Eltern vorverstorben sind
- Eltern und Großeltern (im Todesfall, Erbschaft, Erwerb von Todes wegen)

Steuerklasse II:

- Eltern und Großeltern, soweit sie nicht zur Steuerklasse I gehören (bei Schenkung)
- Geschwister
- Nichten, Neffen
- Stiefeltern
- Schwiegerkinder
- Schwiegereltern
- geschiedener Ehegatte

Steuerklasse III:

Eingetragene Lebenspartner und alle übrigen Personen.

IV. Persönliche Freibeträge

Die Erbschaftsteuerfreibeträge wurden neu geregelt. Es gelten nunmehr folgende Freibeträge:

Erwerber	Freibetrag
Ehegatte	500.000 Euro
Lebenspartner*	500.000 Euro
Kinder und Stiefkinder	400.000 Euro
Enkelkinder	200.000 Euro
Eltern (bei Schenkungen), Geschwister, Neffen, Nichten, Schwiegerkinder, geschiedene Ehegatten, Schwiegereltern und Stiefeltern	20.000 Euro
alle übrigen Erwerber	20.000 Euro
* = eingetragener gleichgeschlechtlicher Lebenspartner im Sinne des Lebenspartnerschaftsgesetzes (LPartG)	

V. Steuersätze

Die nachfolgende Tabelle zeigt die Höhe des Steuersatzes in Prozent je Steuerklasse, abhängig von dem Wert des geerbten Vermögens. Seit 1.1.2010 gelten in der Steuerklasse II geringere Steuersätze.

bis Wert in EUR	I	II	III
75.000	7	15	30
300.000	11	20	30
600.000	15	25	30
6.000.000	19	30	30
13.000.000	23	35	50
26.000.000	27	40	50
über 26.000.000	30	43	50

VI. Verschonungsregeln

1. Verschonungsregeln für Immobilien

Bei fremdvermieteten Wohnimmobilien wird ein Bewertungsabschlag von 10% gewährt. Im Ergebnis sind also nur 90% des Verkehrswertes zu versteuern. Hierneben gibt es eine Vergünstigung für selbstgenutzte Wohnungsimmobilien. Die Vererbung von in Deutschland, der EU oder im EWR gelegenen selbstgenutzten Immobilien, das sog. Familienheim, an den Ehegatten oder auch den eingetragenen Lebenspartner bleibt steuerfrei, sofern der Erwerber das Familienheim zehn Jahre weiter selbst nutzt oder aus zwingenden Gründen an einer Selbstnutzung gehindert ist. Auch Kinder des Erblassers erhalten insoweit eine Vergünstigung. Für sie gilt das oben Gesagte mit der Ausnahme, dass die Steuerfreiheit nicht gewährt wird, soweit die Wohnfläche der ererbten Immobilie 200 qm übersteigt.

2. Verschonungsregeln für Unternehmen

Wie oben unter II. ausgeführt, hat das Bundesverfassungsgericht die Verschonungsregelungen in §§ 13a, 13b und § 19 Abs. 1 des Erbschaft- und Schenkungsteuergesetzes für verfassungswidrig erklärt. Die zum 1.7.2016 in Kraft getretene Neuregelung erfordert eine differenzierte Betrachtung der Nachfolgeplanung. Der individuelle Erwerb des oder der Erben wird künftig durch das Verschonungskonzept bestimmt. Kleine oder mittlere Unternehmen und Unternehmen, bei denen sich die Gesellschaftsanteile auf zahlreiche Gesellschafter und Nachfolger verteilen, sind gehalten, ihr Nachfolgekonzept zu überdenken und in einigen Punkten an die neue Rechtslage anzupassen. Große Familienunternehmen kommen nur noch unter erschwerten Bedingungen in den Genuss einer Steuervergünstigung und haben mit einer Mehrbelastung bei der Erbschaftsteuer zu rechnen. Hier sollen die Nachfolgeregelungen im Hinblick auf die neuen Bestimmungen komplett überprüft und angepasst werden.

Die Neuregelung für die Verschonung von Unternehmensvermögen sieht verschiedene Möglichkeiten vor, die sich im Einzelnen wie folgt darstellen:

- Bei Erwerben bis zu 26 Mio. Euro bleibt das bisherige Verschonungskonzept erhalten. Die Regelverschonung (85-prozentiger Verschonungsabschlag) und Optionsverschonung (100-prozentiger Verschonungsabschlag) jeweils mit den jeweiligen Behaltensfristen sowie den Lohnsummenerfordernissen bleiben bestehen.

- Bei Erwerben über 26 Mio. Euro besteht die Wahl zwischen dem Abschmelz- oder dem Erlassmodell mit Verschonungsbedarfsprüfung. Beim Abschmelzmodell wird der bisherige Verschonungsabschlag mit wachsendem Wert des betrieblichen Erwerbs gemindert. Die volle Erbschaftsteuerlast greift bei Erwerben von über 90 Mio. Euro. Der ursprüngliche Verschonungsabschlag von 85% (Regelverschonung) bzw. 100% bei Anwendung der Optionsverschonung sinkt um jeweils einen Prozentpunkt je volle 750.000 Euro, die der Wert von 26 Mio. Euro überschritten wird.

- Bei Wahl des Erlassmodells hat der Erwerber sein Privatvermögen offenzulegen. Dieses hat er bis zu 50% zur Steuerzahlung auf das Betriebsvermögen einzubringen. Geht die Steuer darüber hinaus, wird sie erlassen.

- Erwerbe innerhalb von 10 Jahren werden für das Überschreiten der Prüfschwelle für den Verschonungsbedarf beim Erlass- und Abschmelzungsmodell addiert.

- Darüber hinaus hat der Erwerber die Lohnsumme für die Inanspruchnahme einer steuerlichen Begünstigung für eine gewisse Zeit und in einem vorgegebenen Umfang ab der Übertragung bzw. des Erwerbs (Regelverschonung – 5 Jahre; Optionsverschonung und Erlassmodell – 7 Jahre) konstant zu halten. Unternehmen mit bis zu 5 Beschäftigten oder mit einer Ausgangslohnsumme von 0 sind von der Regelung befreit. Nach bisheriger Regelung lag die Grenze bei 20 Beschäftigten. Die Neuregelung umfasst auch, dass die zu erreichende Lohnsumme abhängig von der Anzahl der Beschäftigten ist.

- Die Mindestlohnsumme bei 6 bis 10 Beschäftigten beläuft sich bei der Regelverschonung auf 250% in 5 Jahren und bei der Optionsverschonung auf 500% in 7 Jahren.

- Bei 11 bis 15 Beschäftigten beläuft sich diese bei der Regelverschonung auf 300% in 5 Jahren und 565% in 7 Jahren, bei mehr als 15 Beschäftigten auf 400% in 5 Jahren und auf 700% in 7 Jahren.

- Im Gegensatz zur bisherigen Regelung ist das Verwaltungsvermögen nach der Neuregelung jetzt steuerpflichtig. Es wird hier allerdings ein anteiliger Schuldenabzug zugelassen. Verwaltungsvermögen wird in § 13b Abs. 4 ErbStG definiert. Um Missbrauch zu verhindern, fallen hierunter auch beispielsweise Oldtimer und weitere, eigentlich der privaten Lebenshaltung dienende Sachwerte, auch Edelmetalle. Für Geld und Finanzvermögen gibt es eine Finanzmittelprüfung. Ein Sockelbetrag der Finanzmittel von bis zu 15% des gemeinen Unternehmenswerts gilt als begünstigtes Vermögen, der Rest wird zum Verwaltungsvermögen gezählt und unterliegt der Erbschaftsteuer. Die Einschränkungen gelten nicht für Unternehmen, bei denen das Finanzvermögen einem originären gewerblichen Zweck dient. Vermögen, das der Erfüllung von Verbindlichkeiten in Bezug auf Altersversorgungsverpflichtungen des Unternehmens dient, wird unter engen Voraussetzungen begünstigt.

- Besteht das Betriebsvermögen zu mindestens 90% aus Verwaltungsvermögen, entfällt die Begünstigung für das gesamte Vermögen.

- Voraussetzung für die Gewährung einer Steuerbefreiung in der Optionsverschonung ist ähnlich wie bisher, dass das begünstigungsfähige Vermögen aus maximal 20% Verwaltungsvermögen bestehen darf.

Stundungsmöglichkeit

Fällt trotz oben genannter Verschonungsregeln im konkreten Fall eine Erbschaftsteuer auf begünstigtes Vermögen an, kann der Steuerpflichtige beim Erwerb von Todes wegen die Stundung beantragen. Sie ist im ersten Jahr zinslos und bis zu sieben Jahren möglich. Die Gewährung einer Stundung setzt voraus, dass die Lohnsummenregelung und die Behaltensfrist eingehalten werden.

> **Hinweis**
>
> Sofern sich ein Unternehmen im Nachlass befindet, ist dringend anzuraten, qualifizierten Rat durch einen Rechtsanwalt bzw. einen Steuerberater einzuholen. Auch Unternehmer, die beabsichtigen Nachfolgeregelungen für ihr Unternehmen zu treffen, sollten unbedingt fachkundigen Rat für die Gestaltung einholen.

VII. Der steuerfreie Zugewinnausgleich des Ehepartners in Zugewinngemeinschaft

War der Erblasser im gesetzlichen Güterstand der Zugewinngemeinschaft verheiratet, dann unterliegt ein Betrag, den der Ehepartner im Rahmen eines Zugewinnausgleichsverfahrens geltend machen könnte, nicht der Erbschaftsteuer. D. h., dass der Zugewinnausgleichsanspruch, der dem überlebenden Ehepartner zustehen würde, wenn er die Erbschaft nicht angenommen hätte, steuerfrei ist (§ 5 ErbStG). Zur Ermittlung dieses „Freibetrages" muss daher der Zugewinnausgleich konkret berechnet werden. Dieser Zugewinnausgleichsbetrag ist dann beim überlebenden Ehepartner als weiterer steuerfreier Betrag in Abzug zu bringen; aber nur, wenn die Eheleute auch im gesetzlichen Güterstand der Zugewinngemeinschaft verheiratet gewesen waren und nicht durch Ehevertrag einen anderen Güterstand gewählt haben.

BEISPIEL: Der Erblasser E ist mit F im gesetzlichen Güterstand der Zugewinngemeinschaft verheiratet. Zu Beginn der Ehe hat keiner der Ehepartner Vermögen gehabt. Als E verstirbt, hinterlässt er ein Aktienvermögen mit einem Wert von 1.200.000 Euro. Die Ehefrau F hat kein Vermögen, da das Aktienvermögen allein auf dem Konto des Ehemannes angelegt ist. E setzt seine Ehefrau F zur Alleinerbin ein. Wie hoch ist die Erbschaftsteuerbelastung?

Lösung: Von dem Wert des ererbten Vermögens ist zunächst der persönliche Freibetrag von 500.000 Euro in Abzug zu bringen, sodass ein zu versteuernder Erwerb von 700.000 Euro verbleibt. Ferner ist der Freibetrag nach § 5 ErbStG zu berücksichtigen. Würde die Ehefrau F nicht Erbin werden, so hätte sie einen Zugewinnausgleichsanspruch von 600.000 Euro. Dieser Betrag ist als weiterer Freibetrag in Abzug zu bringen, sodass ein zu versteuernder Erwerb von 100.000 Euro verbleibt. Hieraus hat F 11% Erbschaftsteuern zu entrichten, was einen Betrag von 11.000 Euro ausmacht.

VIII. Erbengemeinschaft und Ertragsteuern

Neben der Belastung eines jeden Miterben mit der Erbschaftsteuer sind im Rahmen der Auseinandersetzung der Erbengemeinschaft ertragsteuerliche Risiken zu beachten, wenn sich im Nachlass des Erblassers nicht nur Privatvermögen, sondern auch Betriebsvermögen befindet. Befindet sich im Nachlass beispielsweise ein Einzelunternehmen, dann wird dieses zunächst durch die Erbengemeinschaft fortgeführt. Alle Miterben werden dann mit Eintritt des Erbfalls sog. Mitunternehmer. Die Mitunternehmerschaft führt dazu, dass bei der Auseinandersetzung der Erbengemeinschaft ein Veräußerungsgewinn entstehen kann, wenn im Unternehmen sog. stille Reserven vorhanden sind und diese im Rahmen der Auseinandersetzung in Geld abgefunden werden. Derjenige Miterbe, der im Rahmen der Erbteilung aus dem Unternehmen ausscheidet, hat dann einen Veräußerungsgewinn erzielt, der ertragssteuerlich zu berücksichtigen ist.

BEISPIEL: Befindet sich im Nachlass ein Unternehmen und gehört dazu eine Immobilie, die noch mit einem Buchwert in der Bilanz von 10.000 Euro ausgewiesen ist und beträgt der Verkehrswert der Immobilie 200.000 Euro, dann liegen stille Reserven in Höhe von 190.000 Euro vor. Scheidet nun ein Miterbe im Rahmen der Erbteilung aus dem Unternehmen aus, indem er beispielsweise seinen Erbteil auf den anderen Miterben gegen Entgelt überträgt, dann kommt es zu einer Veräußerung und demzufolge auch zu einer Aufdeckung der stillen Reserven in Höhe seiner hälftigen Beteiligung.

Hinweis

Eine Aufdeckung stiller Reserven lässt sich im Rahmen der Erbteilung nur dann vermeiden, wenn hinreichend Privatvermögen vorhanden ist und eine sog. Realteilung ohne Spitzenausgleich erfolgen kann. Als Miterbe in einem solchen Fall tut man daher gut daran, zügig nach Eintritt des Erbfalls einen entsprechenden Rechtsberater aufzusuchen.

Zu einer Aufdeckung der stillen Reserven kann es auch dann kommen, wenn es im Rahmen des Erbgangs und der Auseinandersetzung der Erbengemeinschaft zur Beendigung einer sog. Betriebsaufspaltung kommt. Eine Betriebsaufspaltung liegt vor, wenn der Erblasser beispielsweise ein Betriebsgrundstück im Rahmen eines Einzelunternehmens (Besitzunternehmen) hält und dieses an eine GmbH (Betriebsunternehmen) verpachtet hat, welcher das Grundstück als wesentliche Betriebsgrundlage dient und der Einzelunternehmer alleiniger Gesellschafter oder Mehrheitsgesellschafter der GmbH ist. Kommt es nun im Erbfall bei der Auseinandersetzung der Erbengemeinschaft zu einem Auseinanderfallen von Besitzunternehmen und Betriebsunternehmen, so kann dies zu erheblichen ertragsteuerlichen Belastungen führen.

BEISPIEL: Vererbt der Erblasser sein Besitzunternehmen an seine Tochter und sein Betriebsunternehmen an seinen Sohn, mit der Vorstellung, dass die Tochter dann die Pachteinnahmen erhält und der Sohn das Unternehmen, dann geht die Betriebsaufspaltung verloren, weil das Besitzunternehmen nicht mehr vom Betriebsunternehmen beherrscht wird und zwar auch dann nicht, wenn der Pachtvertrag unverändert fortgesetzt wird. Die Tochter betreibt dann nämlich fortan (private) Vermögensverwaltung. Sie erzielt Einkünfte aus Vermietung und Verpachtung und nicht mehr Einkünfte aus einem Gewerbebetrieb. Mit dem Verlust der Betriebsaufspaltung wird das Besitzunternehmen quasi in Privatvermögen umgewandelt mit der Folge, dass es zu einer Betriebsaufgabe und somit zu einer Aufdeckung aller stillen Reserven kommt.

Hinweis

Auch bei Vorliegen einer solchen Betriebsaufspaltung ist der Miterbe gut beraten, wenn er zügig Rechtsrat einholt, sinnvollerweise noch vor Ablauf der Ausschlagungsfrist (die in der Regel sechs Wochen beträgt).

IX. Pflichtteil und Erbschaftsteuern?

Auch wenn der Pflichtteilsberechtigte weder Erbe wird, noch eine Schenkung erhält, so ist der Erwerb des Pflichtteilsanspruchs dennoch als Erwerb von Todes wegen anzusehen und unterliegt daher grundsätzlich der Erbschaftsteuer. D.h., der Pflichtteilsberechtigte muss den Pflichtteilsanspruch nach den Regeln des Erbschaftsteuergesetzes versteuern. Dies gilt allerdings erst ab dem Zeitpunkt, in dem der Pflichtteilsberechtigte den Pflichtteilsanspruch geltend macht. Auch wenn das Pflichtteilsrecht grundsätzlich mit dem Erbfall entsteht, löst dies noch keinen erbschaftsteuerlichen Vorgang aus. Eine Besteuerung erfolgt vielmehr erst dann, wenn eine Geltendmachung des Pflichtteilsanspruchs erfolgte. Hierunter versteht man das ernsthafte Verlangen des Pflichtteilsberechtigten auf Erfüllung des Pflichtteilsanspruchs. Das Verlangen kann dabei schriftlich oder mündlich oder aber auch durch ein schlüssiges Verhalten eingetreten sein.

BEISPIEL: Nach dem Erbfall des Vaters haben sich Sohn und Mutter anlässlich des Testaments des Vaters, welches die Mutter zur Alleinerbin einsetzte, verstritten. Der Sohn verlangt gegenüber der Mutter seinen Pflichtteilsanspruch. Er hat sie bereits mehrfach zur Zahlung aufgefordert. Noch bevor eine Zahlung an den Sohn erfolgt, versöhnen sich Mutter und Sohn und der Sohn verzichtet gegenüber seiner Mutter auf den geltend gemachten Pflichtteilsanspruch.

Hier liegt der Fall so, dass der Sohn zum einen nicht nur den Pflichtteilsanspruch versteuern müsste, sondern durch den Verzicht auf den bereits geltend gemachten Pflichtteilsanspruch würde wiederum ein Schenkungsteuertatbestand ausgelöst werden, der dazu führt, dass die Mutter nunmehr gegebenenfalls auch Schenkungsteuer bezahlen müsste. Der Verzicht auf den Pflichtteil wird so ausgelegt, als hätte der Sohn den Pflichtteilsanspruch der Mutter zurück geschenkt (§ 7 Abs. 1 ErbStG).

Hinweis

Es sollte daher vor Geltendmachung des Pflichtteils genau geprüft werden, wie die Sach- und Rechtslage ist, und gegebenenfalls sollten alle Beteiligten rechtlichen und steuerlichen Rat einholen.

Will der Pflichtteilsberechtigte den Anspruch nicht geltend machen, so kann er seitens des Finanzamtes hierzu auch nicht gezwungen werden. Ihm steht es grundsätzlich frei, ob er den Anspruch durchsetzt oder ob er dies unterlässt.

Auch aus Sicht des Pflichtteilsberechtigten, der für die Durchsetzung seines Anspruchs drei Jahre Zeit hat, sollte wohl überlegt werden, wann aus steuerlicher Sicht eine Geltendmachung erfolgen soll. Dadurch, dass der Pflichtteilsanspruch erst innerhalb von drei Jahren nach Eintritt des Erbfalls und Kenntnis der enterbenden Verfügung geltend **gemacht werden muss**, kann der Pflichtteilsberechtigte gegebenenfalls, sollte er schon Vorschenkungen innerhalb der Zehn-Jahres-Frist erhalten haben, Einfluss darauf nehmen, ob er den vollen Freibetrag erhält oder nicht.

BEISPIEL: Der Erblasser hat seinem Sohn im Jahre 1998 einen Betrag von 205.000 Euro geschenkt und somit den damaligen Freibetrag voll ausgeschöpft. Neun Jahre später, im Jahre 2007, verstirbt der Vater und setzt seine Ehefrau zur Alleinerbin ein. Würde der Sohn nunmehr seinen Pflichtteilsanspruch sofort geltend machen, so wäre keine Möglichkeit mehr den vollen Freibetrag auszuschöpfen, da er sich den Vorempfang andernfalls anrechnen lassen muss, der innerhalb der Zehn-Jahres-Frist erfolgte. Würde der Sohn dagegen noch bis ins Jahr 2009 warten und dann seinen Pflichtteilsanspruch geltend machen, könnte er seinen gesamten steuerlichen Freibetrag in Höhe von jetzt 400.000 Euro erneut nutzen.

Zu beachten gilt es hierbei auch, dass die herrschende Meinung auch in der Stundung eines Pflichtteilsanspruchs stets eine Geltendmachung sieht. Aus Sicht des Pflichtteilsberechtigten ist daher behutsam vorzugehen, um nicht vorzeitig und unnötig einen Steuertatbestand auszulösen. Umgekehrt kann der Fall entstehen, dass der Pflichtteilsanspruch an sich schon verjährt ist, aber der Erbe grundsätzlich Bereitschaft zeigt, den Pflichtteilsanspruch dennoch zu erfüllen. In diesen Fällen liegt eine Geltendmachung aber erst dann vor, wenn der Erbe bzw. der Pflichtteilsschuldner endgültig auf die Einrede der Verjährung verzichtet oder den Pflichtteil tatsächlich zur Auszahlung bringt.

Sachverzeichnis